Acheter bio ?

Frédéric Denhez

Acheter bio ?

À qui faire confiance

Albin Michel

À Élie qui aime les frites, à Théo qui adore le chili, à Suzanne qui préfère le riz cantonais de Corinne.

À tous les ventres ronds qui font les prairies grasses.

Introduction

Que c'est compliqué de manger aujourd'hui ! Il est quand même vertigineux de constater qu'il faut désormais une étiquette, un logo, une mention spéciale, une application sur son smartphone pour nous convaincre que ce que nous mangeons n'est pas mauvais pour notre santé ! Nous savons que la cigarette est nocive, que trop d'alcool est toxique, rien ne nous dit spontanément que tel ou tel aliment est incompatible avec une bonne santé. Nous devrions pouvoir acheter et consommer sans nous poser de questions ! Manger est quand même indispensable à notre survie !

Voilà où nous en sommes. Faire ses courses est devenu un exercice d'intellectualisation. Il y a désormais tant de questions à se poser. C'était plus simple quand on faisait les « commissions », vous ne trouvez pas ? Quelques magasins, un marché, des commerçants qui nous connaissaient, le supermarché une fois par mois pour les biscuits et la lessive, oui, c'était simple. L'hypermarché est arrivé. L'industrie a rempli ses rayons, et les prix ont bien baissé. Mais qu'y a-t-on vraiment gagné, alors qu'il nous faut désormais un dictionnaire pour lire les étiquettes ! Nous n'avons jamais aussi peu dépensé pour nous nourrir d'une aussi grande diversité d'aliments, mais jamais nous nous sommes tant défiés. De nos jours, se nourrir est devenu dangereux : nous avons retrouvé l'angoisse originelle d'incorporer des substances qui pourraient nous tuer. En plus, nous abîmons la planète et les animaux en étalant des rillettes sur notre pain…

La nourriture est devenue un grand mystère. On ne sait plus d'où elle vient ni comment elle est produite. Alors que l'alimentation, pour chacun, s'inscrit intimement dans une délégation de confiance – en la mère ou son substitut qui donne le premier lait, la famille ou la cantine qui nous nourrissent dans l'enfance, les amis qui nous invitent à partager leur table… –, il faut désormais se méfier de tout, et de tous. Or tout est confiance dans l'alimentation. Ça n'est que cela, en définitive. Bien manger, c'est avoir confiance. Ne l'oublions pas : c'est en mangeant que le bébé découvre ses parents, l'amour, puis la sociabilité. Manger est l'acte fondamental de notre construction. Nourrir, et se nourrir, c'est s'engager dans un lien : on achète des aliments quelque part et à quelqu'un, on confie ses enfants à une cantine, on fréquente les restaurants, on va manger les uns chez les autres. Mais il y a eu tant de scandales, les médias renseignent désormais sur tant de dangers et de falsifications… Ce lien se fait-il douteux, nous voilà tous alimento-sceptiques. Nous n'avons plus confiance. Sauf dans le bio. Et après tout, pourquoi ne pas douter, aussi, du bio ? Pourquoi serait-il exempt de reproches et de dérives ?

« Vous savez, pour moi, le bio, c'est une mode », m'explique Béchir Souabni, alors que je lui achète du muscat à 8,90 euros le kilo, un samedi de septembre. Dans la rue principale de Brunoy, chez moi au nord de l'Essonne, à vingt-cinq minutes de RER de Paris, M. Souabni a pris la succession du fameux Léo, primeur de qualité, voire de luxe, vu les prix pratiqués. Pas beaucoup plus élevés que ceux du marché, cela dit, moins de toute façon que la primeur bio. « D'abord, j'en prends moins, parce que ça se conserve moins : les fruits pourrissent plus vite, ça me bouffe ma marge. Pour moi, c'est bien sur deux-trois jours, il ne faut pas acheter sur une semaine, il y a trop de risques. Et puis, il faut acheter français : moi, j'ai un doute sur les produits bios qui viennent d'ailleurs. Est-ce qu'ils respectent le cahier des charges de la certification ? Déjà qu'une tomate poussée sous serre en Belgique, ça n'a aucun goût par rapport à une tomate en pleine terre conventionnelle française… » La leçon d'achat de Béchir n'est pas sotte. Il peut y avoir de la perte sur les fruits bios, je l'ai constaté à maintes reprises. Ce qui veut dire que les fruits « normaux » sont traités… Ces dernières années les médias ont révélé l'ampleur du désastre. L'Autorité européenne de sécurité des aliments et la Direction générale de la concurrence, de la consommation et de la répression des fraudes aussi. Jusqu'à vingt-cinq bains chimiques pour une pomme ! Ce n'est pas mieux sur les endives et les patates de mon pays ch'ti natal.

Je fais remarquer à mon primeur que la certification bio est la même pour tous les pays de l'Union européenne, que les produits importés subissent aléatoirement nos propres contrôles, conformes à la réglementation européenne, que de nombreux pays ont des systèmes de certification officiellement reconnus comme équivalant au nôtre, et que ce principe de conformité s'applique également entre les pesticides naturels (non synthétisés par l'industrie chimique, comme le cuivre ou le soufre) autorisés en Europe pour l'agriculture biologique, et ceux autorisés là-bas. « Je n'y crois pas. Est-ce qu'ils contrôlent, dans ces pays-là ? » Bonne question, à laquelle je n'ai pas d'autre réponse que... il faut faire confiance, bien obligé. Confiance à qui ? À nos instances de contrôle et à celles qu'elles ont reconnues comme sérieuses, dans les autres pays.

Le rayon fruits et légumes d'une grande surface, à Châteauroux. Ici, les pommes ne viennent pas de Montierchaume, un village tout proche où il y a un joli verger, juste derrière l'un des meilleurs routiers de France, L'Escale, sur l'A20. Elles viennent d'Espagne. Parce qu'elles sont bios. Bios ? Bios, vraiment ? Et si la mention « bio » ne suffisait plus pour nous rassurer ? À qui faire confiance, bon sang ! À quel saint se vouer ? C'est devenu une question épineuse, de celles qui gâchent le plaisir d'acheter des fruits appétissants, le juteux rôti du dimanche, les tomates sucrées de l'été. Avant même de se demander quoi acheter, il faut désormais se demander où acheter. Ou plutôt « où ?... mais quoi ? ». Nos pommes, par exemple, faut-il vraiment les acheter bios, mais d'Espagne, au supermarché, voire sur le marché du village, ou non bios, au verger d'à côté, qui n'asperge pas trop sa production de substances chimiques ? M. Souabni aurait-il raison ? On aimerait avoir confiance et manger en paix. Serait-ce devenu infantile ?

Que faut-il faire pour regagner confiance ? Ne plus rien acheter au supermarché ? Tout acheter bio ? Mais où, alors ? Quel bio ? Les supermarchés ? Ils nous font manger des cerises en hiver et des tomates insipides même au cœur de l'été. Sans parler du reste : trop gras, trop salé, trop sucré, trop plein d'additifs ! Les agriculteurs ? Leurs cerises sont plus aspergées de produits chimiques qu'une salle d'hôpital après une opération chirurgicale ! Le bio ? *Que choisir*, *60 millions de consommateurs* et France 3 ont mesuré des traces de pesticides sur des carottes. Et puis, on a découvert que le bio qui vient de loin n'a parfois de bio que son label.

On nous dit qu'il faut manger équilibré, avec le moins de viande possible, sans gluten, sans lactose, local et équitable. Ah bon, vraiment ? Et comment on fait pour trouver tout cela ? Comment on choisit ? C'est quoi, un bon produit ? C'est quoi, local ? C'est quoi, équitable ? On doit manger frais, nécessairement ? Jamais de produits industriels ?

Acheter bon et sain étant devenu un vrai parcours du combattant, je vous emmène dans la boîte noire de l'alimentation, coiffé de mon casque de spéléo, sa petite lampe allumée.

1.

Haro sur l'industrie et la grande distribution !

Souvenez-vous, à la fin des années 1990, la maladie de la vache folle. Le consommateur urbain qui ne voulait plus savoir d'où venait sa viande avait subitement découvert trois choses : qu'il mangeait des vaches alors qu'il pensait manger du bœuf (la symbolique n'est pas la même), que ces vaches avaient été nourries non pas avec de l'herbe mais avec des farines, contaminées par un sous-virus, et par-dessus le marché fabriquées à partir de carcasses… d'autres vaches. À la transgression de l'ordre naturel qu'était de faire brouter de la protéine animale à un herbivore s'ajoutait le tabou de l'avoir rendue cannibale. Comment voulez-vous, après cela, avoir toujours envie de manger un steak, même si l'on sait que le risque statistique de devenir fou est infime ? Comment continuer à faire créance à l'industrie qui a mis en place ce système épouvantable, aussi opaque que monstrueux, afin de rentabiliser la carcasse au maximum ? Comment voulez-vous avoir encore confiance dans les institutions à qui l'on délègue le pouvoir de vérifier que règles et interdits sont respectés ?

Le retour d'un vieux réflexe

« 1996 a marqué une étape fondamentale », analyse Éric Birlouez, consultant, professeur de sociologie de l'alimentation à AgroParisTech (entre autres écoles) et l'un des observateurs de l'alimentation les plus fins que je connaisse, depuis des années. Nous avons alors retrouvé un comportement atavique, la méfiance. « Le mangeur humain n'aura jamais cent pour cent confiance dans son alimentation. C'est biologiquement un omnivore, il a besoin d'une diversité optimale pour vivre, mais il ne sait pas distinguer, d'instinct, les bons aliments des mauvais : spontanément, il se méfie de tout ce qui est nouveau, et c'est tant mieux, d'ailleurs. » Ne pas s'étonner qu'enfants et adolescents aient peur de la nouveauté dans leur assiette : c'est cet atavisme darwinien qui les alerte. « Ce réflexe avait été enfoui par les Trente Glorieuses, cette période où l'on avait le sentiment, parce qu'on était enfin entré dans l'abondance alimentaire, que la nourriture saine et pléthorique était accessible à tout le monde. C'était l'euphorie, la confiance régnait. » La vache folle nous a montré que c'était une illusion. La confiance est entrée dans une crise qui n'a cessé de s'aggraver. Et le réflexe de protection est revenu. « Il était revenu, d'ailleurs, dès les années 1960, quand la rumeur disait que les restos chinois qui commençaient à s'installer en France vendaient du chien. Ou dans les années 1980, quand la rumeur affirmait que les hamburgers des nouveaux McDo, c'était rien que des vers de terre. » Mais sans commune mesure : en 1996, il est revenu différemment, plus fortement. Et il s'est largement installé en 2013, parce que la confiance dans notre alimentation a de nouveau été ébranlée – et même insultée.

Nous avons appris alors, par l'autorité de sécurité alimentaire irlandaise, que dans des lasagnes industrielles, tas de graisses et de sucres où la « béchamel » pèse plus que la tomate et la viande rouge, des chevaux s'étaient fait passer pour du bœuf (enfin, de la vache). Aucun risque sanitaire, pas de raison de s'affoler, personne n'est tombé malade ; mais voilà, la confiance a cette fois été d'autant plus brutalement rompue que la symbolique a été salie : dans notre imaginaire, l'équidé a une autre valeur que la vache de réforme, en particulier chez les Irlandais et les Anglais, pour qui manger du cheval est tabou. Et puis, personne n'aime qu'on se fiche de lui : si on me vend des lasagnes au bœuf, ce n'est pas pour que je mange des lasagnes au cheval, tout simplement. À l'occasion de cette nouvelle crise, nous avons été stupéfaits de constater que ce plat industriel est constitué d'une viande issue… de nulle part, car (comme le miel, le blé ou le lait) elle est achetée par des traders sur des marchés mondiaux, sous forme de « minerais », c'est-à-dire de mélanges de protéines, de raclures d'os et de tendons d'origines multiples, difficiles à localiser, mélangés, broyés menu, compactés, surgelés. Des abattoirs roumains, pas très à cheval sur la réglementation, avaient vendu cet ersatz de bidoche à un courtier néerlandais, qui l'avait repassé à un confrère chypriote, dont l'entreprise était inscrite au registre du commerce des îles Vierges britanniques, puis le minerai s'était retrouvé dans une manufacture française du Sud-Ouest, la désormais célèbre et fermée Spanghero, avant d'être intégré aux lasagnes dans une autre usine, luxembourgeoise celle-là, pour le compte d'une entreprise de surgelés française qui avait enfin revendu ses barquettes à vingt-huit entreprises européennes.

Bien que les principaux incriminés, Findus au premier chef, aient fait profil bas et modifié ensuite leurs approvisionnements, la confiance n'a pas été regagnée. D'abord, parce que l'entreprise suédoise dont la vocation *indus*trielle s'affiche dans le nom a fait comme si elle découvrait l'opacité d'un marché dont elle profitait pourtant, afin de satisfaire aux exigences des prix les plus bas imposées par ses clients, la grande distribution en particulier. Si la lasagne n'avait pas henni dans les laboratoires de contrôle irlandais, Findus aurait-il mis de lui-même la main sur son cœur pour affirmer « pas de ça chez nous » ? Ensuite, l'opacité terrible du marché du plat surgelé laissait à penser qu'elle concernait tous les produits industriels, voire tous les produits simplement emballés et proposés en grandes surfaces. (Pas faux, si l'on en juge par l'actuelle histoire du miel, que je vous raconterai au chapitre 3, p. 121.)

De cette affaire, entre autres, découle l'actuelle crise de confiance qui caractérise nos comportements alimentaires. Éric Birlouez est plus précis : « C'est de la défiance, en vérité. Nous nous cherchons. Et nous ajoutons d'autres valeurs à la nourriture, l'éthique par exemple. » Nous sommes en effet nombreux à éprouver un sentiment d'urgence : celle du besoin de revenir à plus de bon sens dans l'alimentation, mais aussi à plus de morale. Nous continuons peut-être à acheter toujours autant de cochonneries industrielles dans ces temples de la malbouffe que sont les hypermarchés, mais avec de moins en moins d'illusions, et de plus en plus révoltés. Cela fait une dizaine d'années que les enquêtes d'opinion menées dans les pays occidentaux vont dans le même sens. En France comme ailleurs, il apparaît que tout a failli : les industriels, les agriculteurs, les services de l'État, mais aussi les politiques ; le citoyen-consommateur ne donne plus crédit aux institutions censées l'informer et le protéger. Y compris aux États-Unis, pays où l'on ne peut pas dire que la nourriture a une dimension symbolique prodigieuse, la confiance a chuté ces dernières années. Et à qui l'accordons-nous donc, désormais ? D'un pays à l'autre, la hiérarchie change, mais les champions demeurent : les associations de consommateurs, les ONG vertes, le médecin, les chercheurs grandes gueules et... les petits commerçants, en particulier le boucher. « La réputation du boucher apparaît plus efficace pour restaurer la confiance que les mesures sanitaires prises par le gouvernement », estime Estelle Masson, psychologue et chercheuse de l'université de Bretagne occidentale à Brest. Parce que lui, au moins, on le connaît, et parce que lui, il comprend et sait trouver le bon chemin dans ce système devenu très abstrait, embrumé, flou, qu'est l'alimentation. Éric Birlouez confirme : « Dans cette boîte noire que sont les hypers et les usines alimentaires, il faut se raccrocher à des choses concrètes, charnelles. Le système alimentaire a perdu tout caractère humain, ce n'est donc pas étonnant que la confiance reparte vers les commerces de proximité. »

L'affaire des lasagnes de 2013 a dévoilé qu'après la vache folle, rien n'avait vraiment changé : la valeur fondamentale que nous donnons à la nourriture n'était toujours pas respectée par l'industrie agroalimentaire et la grande distribution. Or, se nourrir, c'est avoir un lien avec ce qui nous nourrit, parce que ce lien nous rassure et conjure nos peurs. Mais qui nous nourrissait dans un tel écheveau ? Comment ne pas imaginer toutes les corruptions possibles, des aliments et des gens ? Dans l'émotion suscitée par l'affaire Findus, il y a aussi la grande claque qui nous a obligés à regarder comment nous vivons, alors que nous regardions le ciel en sifflotant pour ne rien assumer. Nous attendions de pouvoir manger sans nous méfier de tout et de tous ? Depuis lors, nous avons découvert que l'industrie agroalimentaire et la grande distribution nous rendent malades, tout en nous vendant, en plus, des promesses de santé.

Petit détour par le cholestérol

Et elles savent vraiment se payer notre tête. Prenez le gras, par exemple. C'est fascinant, le gras. Ça porte les saveurs, c'est indispensable aux cellules pour la confection de leurs membranes, c'est une formidable réserve d'énergie, c'est ce qui sert à fabriquer maintes hormones, cela aide à la transmission entre les neurones. Mais ce n'est pas à la mode. Au fond de la poêle, ça fait des yeux, au fond de l'assiette, ça baigne, c'est sale – c'est tout le problème. Pouah ! Pourtant, qu'est-ce que c'est bon ! Une infusion de sauge dans le beurre fondu, ça vous fait une de ces sauces sur les pâtes… Mais non ! Parce qu'il faut traquer le cholestérol. Surtout pour obtenir un crédit immobilier à plus de quarante-cinq ans. Au cas où vous auriez un gros risque d'infarctus, on ne sait jamais. Car c'est bien connu, le bouchon dans l'artère, ce n'est rien que du mauvais cholestérol, celui qui est transporté du foie vers les organes. Le médecin ne vous demande même pas votre avis ; vous ne l'interrogez pas non plus, d'ailleurs, c'est une vérité révélée : le cholestérol, ça fait grossir, fléchir et mourir. Sauf pour mon médecin qui a un gros ventre et une Ferrari, et se fiche royalement de l'injonction de faire moins de gras. Sauf aussi pour le docteur Dupagne, qui est rond, mais roule à vélo. Ces deux-là aussi sont parfois obligés de demander le dosage dans la prise de sang, afin de voir si le taux de bon par rapport au mauvais est assez haut. Chez le praticien de base, qui se cache derrière le principe de précaution, le mauvais rapport conduit systématiquement à la palette de statines, à ingurgiter jusqu'au cimetière.

L'intoxication aux statines

Le gras, tant accusé de favoriser les maladies cardiovasculaires, n'a jamais porté préjudice aux Massaïs et aux Inuits, qui ne mangent que de la viande et du gras, jusqu'à ce que la bouffe occidentale arrive dans la bouche de ces peuples très anciens, sous forme de sucres rapides. Depuis ce temps, on grossit, on fait du diabète et on tombe d'infarctus dans l'Arctique et à l'est de l'Afrique. En Mélanésie aussi, comme chez nous.

Heureusement, les temps changent. On entend désormais des mots parfois très durs contre la vache à lait des entreprises du médicament, ce saint graal de la vie longue et heureuse, les statines. Je cède la parole au procureur Dupagne, avec qui je déjeune près du parc Monceau, à Paris. « Que les choses soient bien claires : oui, un cholestérol élevé est statistiquement associé à un risque cardiovasculaire augmenté. Mais seulement avant 50 ans, et l'excès de risque est trop faible pour justifier un traitement en dehors des cas de maladies génétiques familiales. Et de toute manière, nous n'avons pas la preuve que ce cholestérol élevé soit la cause de ce risque cardiovasculaire légèrement augmenté… Il pourrait s'agir d'une conséquence, liée à un autre facteur de risque que nous n'avons pas encore identifié et qui augmenterait à la fois le taux de cholestérol sanguin et le risque d'infarctus. » Si je le comprends bien, le cholestérol serait la fièvre que nous savons mesurer, pas le microbe qu'il faut combattre pour guérir, et que nous ne savons pas vraiment caractériser. Les statines ? « Oui, elles diminuent le risque cardiovasculaire des patients qui ont déjà une obstruction de leurs artères coronaires, ou qui ont déjà fait un accident vasculaire cérébral, et ce, quel que soit leur niveau de cholestérol sanguin. Mais nous ne savons pas très bien comment elles agissent exactement pour protéger le cœur ou le cerveau de ces candidats à la récidive. Enfin, les statines ne sont pas indispensables chez les patients qui ont un cholestérol élevé mais qui n'ont jamais fait d'accident cardiaque. D'autant que leurs effets secondaires potentiels sur les muscles et sur les nerfs ne sont pas anodins. » En bref, un syllogisme nous a induits en erreur toutes ces années : on trouve du cholestérol dans les plaques d'athérome des patients victimes d'infarctus, les statines diminuent le risque de faire un accident vasculaire, donc le cholestérol est responsable et les statines sont là pour le vaincre.

Cet exemple montre bien comment une contre-vérité peut être enfoncée dans nos têtes par des labos pharmaceutiques pour qui les statines, en l'occurrence, sont une source considérable de revenus alors qu'ils ne créent plus grand-chose, et par les industriels du sucre, qui ont su surfer sur la vague pour promouvoir la blancheur immaculée de leur poudre compulsive. La manœuvre est désormais parfaitement documentée : on peut parler de complot contre la santé publique.

Chassez le gras, il revient par le sucre !

Le gras, c'est entendu, ce n'est pas bien. Mention spéciale aux magazines dits féminins qui depuis une génération véhiculent l'anorexie comme horizon indépassable de la féminité, aboutissement du combat d'une vie. (Pour vendre des cosmétiques à peu près tous toxiques, mais ce n'est pas le sujet ici.) Alors, tout le monde a cru à cette fable. Pourtant, les étudiants en sciences naturelles, dont je fus, qui ont appris un peu de physiologie et de biochimie, savent que le gras se métabolise lentement et sûrement, tant qu'il n'est pas en trop grandes proportions, alors que le sucre, dès qu'il dépasse ce que l'organisme peut utiliser, est vite stocké… sous forme de gras, et finit par déglinguer le pancréas. Or, comme c'est curieux, tandis qu'on traquait le gras d'un côté, on faisait de l'autre la promotion du sucre, désormais partout, sous forme raffinée, c'est-à-dire assimilable immédiatement : dans le pain blanc, les pâtes prêtes en trois minutes, les sodas, les céréales du matin, le jus d'orange… « Dans tous les produits transformés, l'industrie ajoute du sucre – et du sel, et des additifs –, alors que ça n'apporte rien, si ce n'est de transformer le goût. Regardez la mayonnaise : quand vous en faites une, vous n'ajoutez pas de sucre ! Or la mayonnaise en pot contient du sucre », s'énerve Dominique Dupagne. Ce sucre rapide, l'Agence nationale de sécurité sanitaire de l'alimentation en recommande pas plus de 100 grammes par jour, ce qui est très peu, car est englobé désormais dans cette masse à ne pas dépasser le sucre des jus de fruits industriels, qu'elle ne classe plus parmi les fruits, mais parmi les sodas… « J'ai une bonne image : le foie gras, insiste le docteur Dupagne. En deux à trois semaines, vous cirrhosez un foie rien qu'avec du maïs, qui n'est jamais que du sucre ! » – du sucre lent, cela dit, on imagine le gavage avec du sucre blanc ultra-raffiné.

Trop, c'est trop, mais pas que

« Je vous ai parlé du sucre, Frédéric, je vais continuer. » Avec le docteur Dupagne, j'en suis à hésiter à prendre une sorte de pannacotta. « Il y a le sucre, il y a aussi le fait que les produits industriels sont conçus pour ne pas être mâchés. Alors la satiété n'arrive jamais, et on a toujours faim. » Je prends quand même la pannacotta, lui aussi d'ailleurs, et on la termine en trois coups de cuillère. Sans mâcher. M. Dupagne n'est pas tendre avec les industriels. Il n'est pas le seul : je n'ai rencontré personne lors de cette enquête qui pleurerait si un jour un des Big Six faisait faillite. Les Big Six, ainsi qu'aime à les appeler Karine Jacquemart, directrice générale de Foodwatch France, ce sont les géants de l'agroalimentaire : Nestlé, Mars, Coca-Cola, PepsiCo, Mondelez et Unilever. Ces entreprises qui se prétendent vouées à notre bien-être tiennent à peu près toute la bouffe industrielle de la planète. « Dans mon labo, j'ai montré que plus un aliment est transformé, moins il est rassasiant et plus il est hyperglycémiant, donc source de sucres rapides. Les aliments ultra-transformés sont riches en sucre et en gras, nutriments peu rassasiants, contrairement aux fibres et aux protéines que l'on trouve davantage dans les vrais aliments dont ils constituent la structure. Souvent friables, semi-solides voire liquides, les aliments ultra-transformés demandent un temps de mastication moins long : sodas, yaourts à boire, desserts lactés, et autres. Or, plus un aliment est solide, plus il est rassasiant. » La démonstration est limpide. Elle a valu une célébrité certaine à son auteur, Anthony Fardet, que j'arrache à ses vacances grâce à l'aide de mon copain de radio Christophe Noiseux, grand maître de l'antenne de France Bleu Pays d'Auvergne, pour venir me causer au téléphone. Chercheur au département nutrition humaine de l'Institut national de la recherche agronomique et à l'université Clermont-Auvergne, spécialiste en nutrition préventive, le docteur Fardet est l'auteur de *Halte aux aliments transformés*, un livre important paru aux éditions Thierry Souccar en 2017.

La description qu'il me fait de la malbouffe me rassure, d'une certaine façon, car elle m'apprend qu'il me restait encore un fond de naïveté. Après presque un quart de siècle passé à revenir d'à peu près tout, c'est réjouissant ! « On sait que la mauvaise alimentation est la première cause de mortalité dans notre pays. Les facteurs alimentaires sont impliqués dans environ 15 % des cas, et les dérégulations métaboliques (excès de poids, hyperglycémie, hypercholestérolémie et hypertension) dans 26 % des cas. » Autrement dit, sur 100 personnes, 15 décéderaient directement à cause de la nourriture (intoxication, cirrhose, cancers, etc.), et 26 autres de maladies chroniques dont une des causes majeures est l'alimentation. Anthony Fardet fait un calcul à la louche : « Plus d'un décès sur trois est donc lié – directement ou non – à une mauvaise alimentation. Et puis, depuis les années 1980, nous avons en moyenne perdu trois ans d'espérance de vie en bonne santé. Ce mouvement est concomitant avec l'arrivée massive des produits ultratransformés, dans les années 1980. »

Après l'invention de la cuisson, de l'agriculture, de la conservation, de la transformation, nous sommes donc entrés dans l'ère de l'ultra-transformation, c'est-à-dire l'addition de substances aux produits alimentaires pour en imiter, en exacerber ou en restaurer les propriétés sensorielles supprimées par les procédés industriels (je paraphrase ici le docteur Anthony Fardet). Parmi ces faux aliments, tas de molécules assemblées en dépit du bon sens, mes préférés sont les gâteaux Oreo, vendus comme produits laitiers alors que la liste des ingrédients, longue comme une feuille de paie, précise « peut contenir des traces de lait » ; ces bâtonnets de surimi « au goût de homard » qui n'en ont ni le goût ni la saveur, mais tout un tas de molécules pour le faire croire ; ces mousses au chocolat sans œufs, mais avec plein de lait et jusqu'à une vingtaine d'ingrédients, dont de la gélatine de porc, des émulsifiants, etc. Dans les colonnes de son magazine, Olivier Andrault, chargé de mission « Alimentation et nutrition » de l'UFC-Que choisir, n'hésite pas à rapprocher les céréales du petit-déjeuner des confiseries, vu leur taux de sucre et leur néant nutritif. Les sodas aussi : une canette contient deux fois la quantité de sucre qu'un enfant ne devrait pas dépasser chaque jour… Quant aux sandwichs en triangle des stations-service, regardez bien la liste des ingrédients : un festival d'additifs.

De toute façon, l'industrie a réponse à tout. Il faut manger moins gras ? moins sucré ? moins salé ? moins nitrité ? Pas de problème ! Elle corrigera à la marge, et elle compensera par des additifs, ce que confirment tous les travaux scientifiques. Depuis le temps que les pouvoirs publics tirent l'oreille des Big Six sur le sel qu'ils balancent dans leurs cochonneries pour leur donner l'air d'avoir du goût, la quantité ingérée quotidiennement par un mangeur français n'a baissé que d'un triomphal 1 %. Pour le sucre, on est passé en dix ans de 100 grammes à 98 grammes par jour pour un enfant. Hourra. Quant aux acides gras saturés, le gain a été de 0,1 gramme. Bel effort.

Colorants, émulsifiants, texturants, anti-agglomérants, exhausteurs de goût, arômes… les additifs sont au nombre de 438. Officiellement. Ils ont été évalués un par un, parfois il y a cinquante ans, uniquement sur leur éventuelle toxicité aiguë, alors que les formulations ont changé, que les formes nanoparticulaires sont aujourd'hui sur le marché, que les maladies dont on parle, chroniques, apparaissent après des décennies de mise en place, et que l'on ne sait rien de rien de l'action conjuguée de plusieurs molécules ingérées en même temps. Et on ne le saura jamais, pour une raison simple à comprendre : il faudrait obliger des groupes humains à ingérer durant dix, vingt, trente ans des additifs, des aliments ultra-transformés, sans qu'ils le sachent (principe des études randomisées), pour observer les développements, ou pas, de pathologies. D'un point de vue éthique, c'est un peu hasardeux. Alors la science a pour habitude d'observer en laboratoire sur des cultures cellulaires, puis sur l'animal, lorsqu'elle a un doute – et du temps, et de l'argent, car il faut en moyenne cinq ans pour évaluer l'effet d'un seul additif sur une seule pathologie chronique !

La maladie de la nutrition

Le comble, donc, c'est que, tout en nous intoxiquant depuis des décennies, l'industrie agroalimentaire nous promet la santé. Nous avons accepté l'idée que l'alimentation normale était une source de danger et que, pour diminuer les risques, il fallait confier notre santé à la pharmacie, qui nous protège par ses molécules, et aux industriels, qui savent faire sans les bactéries embêtantes et doser les bons ingrédients. Le retour de bâton est sévère : il n'y a jamais eu autant de diabètes, d'obésité, d'allergies, d'hypersensibilités, de maladies cardiovasculaires et de cancers des voies digestives que depuis la généralisation de la nourriture industrielle. Laquelle ne protège donc en rien notre santé.

La santé, c'est toujours le médecin, censé nous rassurer – alors même qu'il représente la dérive sociétale qui a contribué aux crises sanitaires et contribue largement à la suspicion du consommateur. Jean-Pierre Poulain explique dans une de ses publications : « Nos sociétés ont transféré nos légitimités au médical. Le religieux, le moral, le magique, la famille... regardez bien : aujourd'hui, tout est analysé, repéré, jugé à l'aune de ce que cela coûte pour notre santé. Tout est réduit à notre seul objectif de bonne santé et de longue vie. » Le combat de ce professeur d'anthropologie à l'université de Toulouse et à l'Institut supérieur du tourisme, de l'hôtellerie et de l'alimentation est ancien. M. Poulain m'ouvre les yeux : en effet, si on regarde bien, les messages pseudo-médicaux sont partout, jusque dans les sujets sur la vie quotidienne, à la télé, qui, toujours, se ramènent à des bénéfices ou des méfaits pour l'organisme. Tout est santé. Et difficile d'échapper à l'injonction d'être en forme, mince, musclé, détoxifié, sans ballonnements, jeune et actif. « On est dans le mythe de la vie éternelle, quand même », en sourit – quoique – Dominique Dupagne, bermuda et bretelles, entre deux lampées de café.

Le docteur se désespère de constater que « le nutritionnel a pris le pas sur tous les autres aspects de l'alimentation, liés à notre identité personnelle ». La nourriture est bonne ou mauvaise par rapport à des maladies. Pas pour le goût, le plaisir, les souvenirs d'enfance, l'envie de découverte ou la sociabilité autour d'une table. Ainsi réduite dans sa représentation à des assemblages de molécules qu'il s'agit de bien doser pour vivre vieux et en bonne santé, pour éviter des flatulences, un petit bidon ou la culotte de cheval, la nourriture est devenue le domaine de la grande industrie, qui sait faire les bons dosages et les bons mélanges, relayée par ces curés en blouse blanche que sont les diététiciens et autres « coachs minceur ». Hormis les médecins spécialistes qui savent de quoi ils causent, la plupart sont des charlatans qui masquent la faiblesse de leurs connaissances par des certitudes dangereuses, des oukases qui changent au gré des modes impulsées par les médias, les laboratoires pharmaceutiques, l'industrie agroalimentaire et le marketing. Mais Dieu merci, ce système a pris une bonne claque à la fin de l'année 2017…

Blanc comme Lactalis

Avec sa cravate et son costume, ses quatre directeurs et ses cheveux pas coiffés, pour la première fois de sa vie, Emmanuel Besnier est allé se montrer devant des caméras. Celles de la salle où une commission d'enquête parlementaire*

* Commission d'enquête chargée de tirer les enseignements de l'affaire Lactalis et d'étudier à cet effet les dysfonctionnements des systèmes de contrôle et d'information, de la production à la distribution, et l'effectivité des décisions publiques, 24 mai-18 juillet 2018.

l'a convoqué, ce 7 juin 2018, afin de discuter de « l'affaire Lactalis ». À l'image comme dans le texte qu'il lit, il est impossible de savoir ce qu'il pense. Peut-être ne pense-t-il pas. Ou cache-t-il bien ce qu'il pense. Il est pudique, sans doute timide. Il suit sa ligne, sans trop écouter les questions, auxquelles il ne répond pas, sauf quand il est acculé, et encore est-ce sans une seule marque émotionnelle sur le visage. Mais qui es-tu, Emmanuel Besnier* ?

Pour le président de la commission d'enquête, le solide Christian Hutin, député Nouvelle Gauche de la 13e circonscription du Nord et médecin généraliste, le P-DG du géant international ne vaut pas moins d'égards que quiconque. Ni plus. Il l'engueule, dès son introduction. Il ironise, après le propos liminaire du grand patron. Bonheur de voir un parlementaire ne pas faire la courbette devant un gros employeur – il ne sera pas le seul lors de ces auditions. « Nous vous remercions d'être présent aujourd'hui, mais nous sommes extrêmement contrariés par le fait que vous essayiez, dans le même temps, de torpiller, par tous les moyens possibles, la commission d'enquête ! » Cette accusation, le député la tiendra à nouveau lors de la remise officielle du rapport à l'alors président de l'Assemblée nationale, François de Rugy, le 18 juillet 2018. « La République a finalement gagné », s'est tout de même félicité Christian Hutin, avec l'assentiment de son rapporteur, Grégory

---

* Petit-fils du fondateur, Emmanuel Besnier est le principal actionnaire et le président du conseil de surveillance de Lactalis, aujourd'hui le premier groupe laitier et fromager au monde.

Besson-Moreau, député La République en marche de la première circonscription de l'Aube.

Il y est donc allé à reculons, le Howard Hughes du lait, comme l'appellent certains. Les gens ne sont pas toujours gentils. Il avait cru qu'une seule lettre de ses avocats allait suffire à faire peur à François de Rugy et à la garde des Sceaux, Nicole Belloubet. Il a découvert que tout le monde ne regarde pas ses chaussures face à lui et que la représentation nationale n'écoute qu'elle lorsqu'elle ressent la nécessité de se réunir en commission d'enquête.

Le voici devant celle-ci, assis derrière une table, ses directeurs à sa droite, une dizaine de députés face à lui, le président et le rapporteur et les assistantes à sa gauche, sur l'estrade. Les bras ou les mains croisés, comme ceux et celles de ses subalternes, le buste penché en avant vers le micro, M. Besnier est un homme constant dans la tempérance. Y compris lorsque des députés explosent, tel Richard Ramos (Mouvement démocrate et apparentés, 6e circonscription du Loiret), ou que le président et le rapporteur de la commission reviennent sans relâche à la question demeurée sans réponse.

À la fin des deux heures d'audition, on aura compris que, pour M. Besnier et sa suite, globalement, Lactalis a tout bien fait, et que c'est la faute à pas de chance – en l'occurrence un carrelage dont le démantèlement, en 2017, aurait libéré la vilaine salmonelle qui dormait dessous depuis treize ans. C'est un peu la malédiction de Khéops, mais à l'usine de Craon (en Mayenne, d'où sont partis les lots contaminés). Le P-DG reconnaît bien quelques erreurs, ses sbires acquiescent comme il sied, puis tout le monde se lève pour se serrer la main. Dans la poche gauche de la veste de M. Hutin, la pochette menace de pendre telle une langue exsangue.

Tout de même, Emmanuel Besnier a tenu à dire dans son préambule : « Oui, nous avons failli à notre mission, qui est de garantir la mise sur le marché de produits sains. C'est notre contrat de base. Je le dis et je le répète, nous n'aurons jamais assez de mots pour nous excuser. » Avant de passer à autre chose. Mais cet exercice de contrition obligatoire, sans doute rédigé par des régiments de communicants lors de nombreux conseils de guerre, a finalement délivré le seul élément intéressant formulé durant cette ennuyeuse audition. Qui résume bien le piège dans lequel est tombée l'alimentation : celui de la santé. La santé qui exige qu'on ait confiance totale en la sincérité – au moins – de quelqu'un qui répond aux questions. À voir et à entendre Emmanuel Besnier, je ne sais pas si je lui confierais mon réfrigérateur.

Mais venons-en au lait. Aujourd'hui, il doit être sain, c'est tout ce qu'on lui demande. L'industriel qui le met en bouteille ou le transforme en poudre a une obligation (européenne et française) de résultat pour que cet objectif soit atteint. Le consommateur doit avoir la certitude que son lait ne le rendra pas malade. Qu'il ait du goût ou non, ce qui compte, c'est qu'il ne nous fera pas vomir ni ne nous enfermera aux toilettes. En fait, on préfère quand il n'a pas de goût, car le goût, c'est le gras, et le gras, c'est pas bien, ne cesse-t-on de nous avertir.

L'industrie répond à notre demande, la promesse sanitaire est tenue : alors que dans un lait cru on compte environ 3 millions de germes microbiens par millilitre, le chiffre tombe à une petite centaine dans un lait microfiltré, pasteurisé ou UHT. Si avec ça vous tombez malade, c'est que vous le faites exprès. Pourtant, en 2017 et en 2018, des bébés ont bien vomi. Certes – mais alors, regardons les chiffres. Ils sont frappants : il n'y a eu dans cette affaire Lactalis que 38 cas d'enfants hospitalisés, ce qui est très peu. L'objectif sanitaire a donc, quand même, été atteint. Autrement, c'est une épidémie qui aurait frappé le pays.

L'objectif a été d'autant mieux atteint que, parmi ces 38 cas, 28 étaient liés à la consommation d'un produit appelé Picot Junior. Qu'est-ce que c'est que ça ? Ayant trois enfants, je devrais le savoir. La commission d'enquête parlementaire vient à mon aide, par la voix de Gilles Salvat, lors d'une autre audition. Le directeur général délégué au pôle Recherche et référence de l'Agence nationale de sécurité sanitaire de l'alimentation, de l'environnement et du travail explique : « C'est un hydrolysat de protéines de sucre, un substitut de lait que l'on donne aux bébés qui soit sont intolérants au lait de vache, soit ont des difficultés à digérer le lait quand ils souffrent de diarrhées. » Sur le site de la société Picot, j'apprends que « le goût de cette formule diététique a été amélioré pour une observance garantie au moment de la diversification », ce qui donne envie d'en avaler des litres, et en dit long sur sa formulation. En effet, la liste d'ingrédients est longue comme celle d'un burger végane : pas moins d'une cinquantaine, qui signe un lait artificiel, un assemblage moléculaire qui ressemble à du lait pour remplacer le lait pour les bébés qui ne peuvent pas boire de lait.

Bref, si je comprends bien, les bébés touchés l'ont été non par du lait de vache mais par une poudre de lait, et pour l'essentiel par un substitut – poudreux – de synthèse… qu'il leur fallait avaler car ils avaient déjà des diarrhées. En ne s'en tenant qu'à ces faits, il n'y avait finalement pas de quoi en faire toute une histoire, d'autant que la salmonellose « n'est pas une maladie extrêmement grave, poursuit Gilles Salvat. Mais comme elle touche des bébés déjà malades et qui pour la plupart ont moins de 6 mois, il convient de bien les surveiller quand ils ont une diarrhée, pour éviter un risque de déshydratation ». La crise sanitaire étant d'autant moins grave que, toujours d'après M. Salvat, « avec 250 000 cas par an environ, les salmonelles sont la deuxième cause de toxi-infection alimentaire collective en France après les *Campylobacter*, un peu moins connus, mais qui représentent environ 500 000 cas par an, selon les dernières estimations de Santé publique France ». Parmi les 600 000 décès environ enregistrés en France chaque année, entre 20 et 250 sont liés à la nourriture : un petit tiers sont dus à des salmonelles, un autre tiers à des *Listeria*, le dernier gros tiers à des norovirus et à des *Campylobacter*. Bon nombre de ces contaminations impliquent des produits sensibles comme la mayonnaise ou le steak haché frais, conservés beaucoup trop longtemps et sans emballage dans le frigo : les gens s'auto-intoxiquent, avant tout.

Dans les années 1950, il y avait encore une bonne quinzaine de milliers de décès par intoxication alimentaire en France (oui, vous avez bien lu...), et, plus loin dans le passé, la nourriture était l'une des principales causes de mortalité, avec la guerre et les maladies infectieuses. Longtemps, on est mort simplement de manger, en France. « Et de travailler ! Il faut se souvenir des conditions de travail, il y a un siècle. Et de la tuberculose, jusque dans les années 1950 », me corrige Dominique Dupagne, avec qui je n'en finis pas de manger. Aujourd'hui, le risque de mourir de manger est infime, par rapport à celui de succomber des conséquences du tabagisme (79 999 morts), ou de l'alcoolisme (49 000 morts). « Oui, on peut dire ce qu'on veut, mais si vous fumez, vous êtes mal parti, même si vous mangez très bien », se désole le docteur, qui en sait quelque chose, vu qu'il a fumé pendant des années.

« Mais ce risque alimentaire, on ne l'accepte plus », m'explique Éric Birlouez, le professeur de sociologie de l'alimentation à AgroParisTech. « L'attitude vis-à-vis du risque a incroyablement changé : le risque, avant, c'était une fatalité, un châtiment divin par caprice ou par punition. Aujourd'hui, c'est la tolérance zéro qui s'applique : il ne peut plus y avoir de risque avec ce que l'on mange. » Que s'est-il passé ? « On a délégué à l'industrie, par procuration, le soin de nous nourrir avec des produits variés, à bas prix et sains. Dès lors, la promesse doit être tenue », sinon, c'est un scandale. Aucune faute n'est permise. Lactalis vantait la propreté parfaite de ses produits, nous assurait de ne nous faire aucun souci, elle s'est fait rappeler à la réalité par la vie des microbes.

Une promesse intenable

Le lait en poudre, c'est du lait écrémé et déshydraté, auquel on ajoute ce que l'ensemble des procédures industrielles a détruit, minéraux et vitamines notamment, plus des émulsifiants et des matières grasses. Le soja est en général à la fête dans les formulations. Du lait relatif, en quelque sorte. Du lait en poudre qui est « propre » tant qu'on ne le mélange pas avec de l'eau. Dans ce cas, une salmonelle de passage peut sauter sur l'occasion et se multiplier. C'est la vie. Dans une usine, la moindre présence d'humidité peut suffire à satisfaire aux exigences de la bactérie. Une humidité qui apparaît chaque fois… que l'on nettoie et désinfecte. Période critique, la grande lessive peut paradoxalement conduire au mélange d'un tout petit peu d'eau à la poudre, dans les tuyaux ou simplement à l'air ambiant, ce qui suffit à éventuellement augmenter la salmonelle qui attendait son heure planquée sur un manche à balai (cette hypothèse a été réellement défendue par l'équipe Lactalis, comme quoi on sait rigoler chez Besnier) ou sous un carrelage. Or, nécessitant l'absence totale des allergènes contenus dans le lait, le Picot Junior est précisément fabriqué après désinfection… Voilà peut-être ce qui se serait passé dans la tour de séchage de l'usine Lactalis de Craon, selon l'Agence nationale de sécurité sanitaire de l'alimentation, auditionnée par la commission parlementaire. À l'inverse, avec du lait liquide, moins de risques. Les tuyaux sont régulièrement décapés à la soude puis à l'acide, et le lait part directement dans citernes, camions et bouteilles, sans ce moment délicat que connaît la poudre, celui du passage à l'air libre entre la tour de séchage et les boîtes. « Oui, enfin, j'ai quand même un doute », nuance Hélène Soubelet, directrice de la Fondation pour la recherche sur la biodiversité, qui dans une autre vie inspectait ce genre d'installations.

Je la rencontre en pleine canicule estivale pour préparer le colloque annuel de la Fondation, consacré aux liens entre biodiversité et alimentation, cela tombe bien. Nous dégoulinons dans son bureau occulté, alors nous buvons un café pour suer un peu plus. « Pour diminuer les risques, on demandait tout le temps de réduire la longueur des tuyaux, car, quoi qu'on fasse, un film bactérien se dépose, et peut entraîner des contaminations. » C'est embêtant, la vie : elle est toujours là, tapie y compris dans les endroits les plus nettoyés, et n'attend que le hasard ou l'inattention pour proliférer. « Et forcément, dans des environnements aussi hygiénisés, les germes qui s'installent n'ont pas de concurrence », continue Mme Soubelet. J'appelle cela le paradoxe du camembert au lait cru (le vrai) : déjà plein de bactéries, il a peu de place à offrir à une *Listeria* de passage, alors qu'un camembert au lait pasteurisé est un désert propice à la colonisation. Un lait pasteurisé, UHT ou microfiltré (c'est pareil, une centaine de germes par millilitre, je vous rappelle) a plus de chances de se faire avoir par une salmonelle qu'un lait cru qui sort du pis (lequel contient trente mille fois plus de germes...). C'est aussi bête que cela. Le dogme hygiéniste qui fonde la promesse de santé de l'industrie est finalement très pervers, car il peut favoriser ce qu'il est censé combattre.

Alors pourquoi avoir fait tout un barouf pour 38 cas, au sujet d'un produit qui n'a de lait que le nom, et que sa nature rend plus fragile ? Ce n'était quand même pas la vache folle ! Comme elle, cependant, l'affaire Lactalis révèle – sans doute la fois de trop pour le monde industriel – ce qu'est devenue l'alimentation : un lien de confiance, en grande part irrationnel. Lactalis donnait confiance, car ses produits avaient la réputation d'être sains. Son histoire aussi. Née de rien et devenue monde, l'entreprise, certes, est mystérieuse, mais elle est familiale, sans actionnaires, avec à sa tête un patron timide qui ne fait pas de jet-ski à Saint-Tropez, et vend un produit propre et rassurant rien que par son aspect. Du lait tout blanc, liquide, en poudre. Pas contaminé. Pur. Un produit de santé plutôt qu'un aliment, pour le bien-être de ce que nous avons de plus cher, de ce qui est intouchable, devenu un tabou, Bébé. Sans article défini, s'il vous plaît.

Les temples de la supercherie

« Lactalis a fait une erreur énorme : rendre malades les êtres les plus vulnérables qui soient, qui ne peuvent être nourris que par le lait… », s'étonne Éric Birlouez. En effet : mes confrères de « Secrets d'info », sur France Inter ont dévoilé en avril 2018 qu'entre 2015 et 2016, une dizaine de personnes étaient mortes d'avoir mangé du morbier et du mont-d'or au lait cru. Étrange qu'on n'en ait rien su en plein scandale Lactalis, alors que l'on se faisait peur avec la salmonelle, incriminée dans ces morts ! Compréhensible, en fait, car les victimes étaient des personnes âgées, habituées depuis des décennies à manger ces produits de chez elles, aux flaveurs liées à la qualité du lait cru. L'acidité de leur estomac n'était plus suffisante pour tuer comme d'habitude la salmonelle, car ces personnes étaient très avancées en âge, et malades. Les bébés Lactalis aussi étaient déjà malades, mais un vieux, ça peut risquer de mourir, c'est dans l'ordre des choses.

Manger, c'est bien autre chose que de simplement s'emplir la panse pour tenir jusqu'aux prolongations d'un match de Coupe du monde de football. C'est ingurgiter un aliment qui a un jour été vivant, et qui va participer de notre vivant à nous. Nous sommes, nous avons été, et nous devenons ce que nous mangeons, voilà pourquoi nous accordons autant d'importance à la qualité supposée de ce que nous avalons qu'à son histoire. Lorsque nous buvons du lait, par exemple, même s'il a été tellement transformé que ça n'en est plus, il y a plein de choses qui passent dans notre œsophage. Une symbolique qui nourrit une pensée parfois magique. Comme me le dit Estelle Masson, la psychologue et chercheuse de l'université de Bretagne occidentale à Brest, « incorporer un aliment impur, un aliment dont les propriétés symboliques, morales, sont incorrectes, constitue une menace pour l'identité du mangeur ».

C'est sans doute à cette prise de conscience que nous a conduits l'affaire Lactalis. Un tabou a été brisé, il a entraîné la chute de la grande supercherie. La vraie nature de l'alimentation réapparaît, avec toute sa part instinctive, culturelle. Le mangeur d'aujourd'hui se rebelle enfin contre l'alimentation industrialisée qu'il a pourtant mise dans son assiette. Pour le dire autrement, parce que la société va vite, qu'on n'a plus le temps de faire à manger, ni d'argent à consacrer aux repas – enfin, c'est ce qu'on croit –, on a laissé le soin à d'autres – industriels, distributeurs, restaurateurs – de remplir nos assiettes, en exigeant d'eux que ce soit bon, bien présenté et pas cher. Mais aussi de ne pas nous rendre malades, ce qui est bien normal.

« Les industriels sont des gens qui ne cherchent pas à mal faire, juste à gagner du fric. Ils lavent toujours plus blanc que blanc. Ils ne peuvent pas ignorer les études, ils n'en tiennent pas compte, tout simplement, et ensuite, quand il y a une crise, ils ne savent pas la gérer », constate, caustique, le docteur Laurent Chevallier que je tire lui aussi de ses vacances, corréziennes. Camarade de chronique dans « CO_2, mon amour » sur France Inter, Laurent est un régulier des plateaux télé pour ses livres de bon sens. Les industriels cherchent surtout à ne rien changer à leur façon de faire. Normal : quand on a une rente, on s'effraie du moindre risque. Et l'on ne recule ni devant la mauvaise foi, poussée jusqu'au sublime, ni devant le cynisme, toujours bien assumé.

Du consommateur au producteur

Un mois avant les auditions de la commission d'enquête sur l'affaire Lactalis, dont il était rapporteur, dans une tribune publiée dans *Marianne* en date du 6 avril 2018, Grégory Besson-Moreau tenait à nous faire part de son ras-le-bol : « Assez ! Michel-Édouard Leclerc doit se plier à la loi ! » titrait le magazine, en bien gras. Le député de l'Aube fustigeait alors le cynisme de l'ami des arts de Landerneau, qui continuait d'étrangler les agriculteurs, sous prétexte de refuser de rehausser le seuil de revente à perte et d'encadrer les promotions, comme le proposait le projet de loi sur l'agriculture et l'alimentation pour protéger le consommateur.

Besson-Moreau n'y va pas avec le dos de la cuillère. Il rend directement Michel-Édouard Leclerc coresponsable du désastre : « Il y a eu trop de perte de valeur dans la chaîne production-alimentation-distribution. Continuer dans cette logique économique injuste, c'est ne pas vouloir combattre la détresse morale de certaines exploitations agricoles et c'est accepter la surmortalité par suicide chez les agriculteurs, qui est 20 à 30 % supérieure à la moyenne de la population… » Ce triste constat, il l'aggrave en le mettant en regard des pratiques fiscales et financières de l'Association loi de 1901 qui regroupe les commerçants indépendants propriétaires des magasins à enseigne Leclerc. « Comment Michel-Édouard Leclerc peut-il affirmer être de bonne foi et attentif aux difficultés rencontrées par les agriculteurs, lorsqu'on sait qu'à travers une grande centrale d'achat, son groupe négocie, commande, fait livrer et facturer depuis la Belgique des produits français à destination d'entrepôts français, de magasins français, pour des consommateurs français, tout en s'affranchissant des contraintes du droit et de la fiscalité française ? » Lucide, le député termine par une salve qui s'envole vers l'avenir : « Le travail de la terre est l'un de plus beaux métiers du monde. Chaque agriculteur doit être en droit de vivre dignement de son métier. Très présente dans les médias, l'enseigne Leclerc est d'un mutisme remarquable dès qu'il s'agit de parler d'argent. Cette enseigne est pourtant amenée à prendre ses responsabilités pour une plus juste rémunération des agriculteurs. Par ailleurs, la grande distribution ne pourra se contenter du “Drive” pour répondre à l'irruption des géants du numérique dans leurs métiers comme Amazon. À ce moment-là, M. Leclerc devra compter sur l'État et le législateur. À moins qu'il ne continue de s'asseoir sur la loi. » Pan !

Quelques semaines plus tard, Grégory Besson-Moreau recevait en audition l'héritier du fondateur de l'épicerie du 13, rue des Capucins, à Landerneau, d'où ce miracle français est parti défigurer les entrées de ville et vider les centres-villes. Michel-Édouard Leclerc avait des comptes à rendre relativement aux retraits-rappels des produits Lactalis. Dans ces magasins, il y avait eu comme des retards à l'allumage, ce dont les députés se sont émus. MEL, comme on l'appelle, s'en est fort bien sorti. Le député, lui, n'a pas fait montre de l'agressivité lue dans *Marianne*, et manifestement, le destinataire de sa diatribe ne lui en a pas tenu rigueur, car jamais une allusion n'a été lancée. Tout s'est bien passé. On n'a pas appris grand-chose. Un philtre d'amour semble s'être immiscé dans l'air conditionné, car même le vigoureux député Richard Ramos, qui était tombé à bras raccourcis sur Emmanuel Besnier, souvenez-vous, et même le président Hutin, redoutable questionneur, ont complimenté le créateur du Fonds Hélène et Édouard Leclerc pour la culture : « Je ne vous connais pas, mais, de réputation, on dit qu'en vous recevant on a envie de vous prendre à partie, et quand vous partez, on s'excuserait presque, tellement vous êtes efficace ! » M. Leclerc lui a répondu d'un très fin : « Un peu comme M. Macron. » M. Hutin a terminé par un subtil : « Vous êtes donc peut-être Macron-compatible. »

Les autres grands patrons de la distribution, ceux de Carrefour, Auchan et Intermarché, n'ont pas eu droit à autant d'égards. Ils ont pourtant respecté la représentation nationale en alimentant bien mieux que MEL la commission parlementaire sur Lactalis.

Thierry Cotillard, par exemple, patron d'Intermarché, s'est fait plaisir le jour de son audition : « Après la crise, j'ai adopté une position assez radicale au sujet de Lactalis, estimant que, dès lors que l'industriel avait joué avec la santé de nos consommateurs, cette marque ne méritait plus de figurer sur nos linéaires : j'ai eu une entrevue avec M. Emmanuel Besnier, qui souhaitait savoir si ma décision était sans appel. Je lui ai alors fait valoir qu'il n'était pas normal qu'un industriel de son envergure n'ait pas appliqué le principe de précaution et retiré de la vente la totalité de sa production, au lieu de procéder en quatre ou cinq étapes... Selon moi, d'autres entreprises auraient eu une autre gestion de la crise et n'auraient pas pris ainsi le risque de "la jouer à la petite semaine". Il y a des industriels pour lesquels la santé n'a pas de prix : ils auraient pris des mesures beaucoup plus fermes et retiré leurs produits du marché dès la première alerte. » Toutefois, sur la santé à long terme des consommateurs, M. Cotillard a une autre position, car c'est bien chez Intermarché qu'on a vu des gens se battre pour du Nutella en promotion à - 70 %. « Nous n'avions pas imaginé une telle effervescence [...]. Ces excès doivent être lus comme révélateurs d'une vraie attente des consommateurs en termes de pouvoir d'achat. Nous ne saurions être tenus pour responsables de ce qui est un symptôme », s'était-il justifié dans *Le Journal du dimanche*. L'ex-HEC sait aussi faire son Besnier quand ça l'arrange.

Pourquoi revenir en détail sur les auditions de ces grands patrons lors de l'affaire Lactalis, en juin 2018 ? Parce que leur visionnage révèle de façon criante que dans la vaste toile qu'est l'alimentation, la grande distribution occupe presque toute la place – et, qu'au centre, Michel-Édouard Leclerc est tout-puissant. MEL a enfumé les débats autant qu'Emmanuel Besnier, mais les députés n'y ont vu que du feu. C'est un don, le charisme, qui ne s'apprend pas. Cela se cultive. Et M. Leclerc est un cultivateur intensif. Il existe quand même des récalcitrants : depuis que je me promène dans l'Hexagone, je n'ai rencontré aucun agriculteur, à une exception tarnaise près, qui n'ait envie de condamner le patron des prix bas à désherber ses terres avec une pince à épiler. Dans le milieu rural, la réputation des acheteurs Leclerc est terrible. Les rendez-vous dans des salles de réunion étroites et sans fenêtres, où l'acheteur arrive deux heures après l'heure, et obtient toujours ce qu'il veut en faisant craquer les nerfs à force d'humiliations, sans oublier de faire tout payer au paysan et à l'artisan, ses éventuels retards comme les caisses où livrer la salade : c'est l'histoire désolante que j'entends partout depuis des années. « Les autres enseignes sont dures, mais eux, c'est les pires », pour résumer. Plus mesuré, le P-DG d'un géant de l'agroalimentaire français a reconnu de mêmes « difficultés » avec le groupe Leclerc, y compris avec son patron. Nous regardions alors Paris depuis très haut tout en buvant un café tiède, l'homme m'a demandé de taire le nom de son entreprise si je devais citer cet échange. Quelques années auparavant, alors que je participais au siège de Danone à un « comité d'experts » sur l'élevage laitier, l'un des cadres dirigeants de la maison avait regardé le centre Leclerc tout voisin à travers la fenêtre pour exprimer son écœurement. C'est vous dire le poids de l'aimable épicier breton, qui passe dans le milieu de l'alimentation pour le dernier jésuite de ce pays. Mettre des lunettes de soudeur pour ne pas succomber à ses yeux, ne jamais lui tourner le dos, et de toute façon, comme on l'apprendra un jour peut-être en école de commerce, sachez que la négociation commerciale est une activité qui se pratique entre un producteur et un acheteur, et à la fin, c'est toujours Leclerc qui gagne.

Le boycott qui vient

Soyons clairs : il y a faute, morale, de l'ensemble de la chaîne alimentaire qui nous nourrit. Faute des industriels de l'agrochimie, de la FNSEA et des gouvernements de la République, qui ont mis les agriculteurs devant le fait accompli des engrais et des pesticides de synthèse les ayant rendus malades et nous rendant malades. Faute des industriels de l'agroalimentaire, qui ont satisfait nos palais et nos cerveaux de produits bons en bouche, jusqu'à nous rendre accros et nous faire considérer les nourritures traditionnelles comme fades. Faute de la grande distribution, qui nous a fait consommer dans des lieux dont la construction détruit les sols, les centres-villes, les agriculteurs. Faute, enfin, de nous autres journalistes et des médecins, qui avons résumé l'acte de manger à un apport de nutriments et de toxines ne générant que de l'angoisse. Le système alimentaire actuel doit sa force à sa cohérence. Il la doit aussi à son immoralité, qui nous paralyse désormais dans l'incapacité à nous nourrir avec plaisir, parce que nous devons réfléchir avant d'acheter et nous inquiéter avant de digérer. C'est triste. C'est une dégringolade. Nous sommes les otages d'un système toxique. Il est temps que cela se termine.

Si l'on ajoute ce que l'industrie agroalimentaire fait aux mangeurs que nous sommes à ce que les quatre centrales d'achat des grands magasins font aux agriculteurs et producteurs qui nous nourrissent, on comprend que ces otages que nous sommes devenus se mobilisent enfin. Chez certains, ce constat a fini par mener au dégoût, et les a conduits à une décision simple : boycotter ! Ne plus aller chez Leclerc, Carrefour ou Super U, car quoi qu'on fasse, qui que l'on élise, quelles que soient les quantités de lisier balancées sur les préfectures, en dépit des polémiques, des attaques, des ras-le-bol exprimés dans les médias, la confrérie des racketteurs du consommateur et du producteur demeure, toujours, au centre de tout. Cela fait au moins trente ans que les grandes surfaces sont décriées comme des plaies sociales, agricoles, environnementales et alimentaires. Cela fait trente ans aussi que le pousseur de caddie y va de bon cœur – même s'il l'a sur les lèvres depuis un moment – et que le politique dit que ça suffit. Trente ans que ça dure, quelques années de moins que l'homme de Landerneau remplit son blog, car il est moderne, qu'il discute avec les artistes, car il est leur protecteur, qu'il reçoit dans un bureau magnifique, car il a du goût, qu'il placarde partout des manifestes pour les prix bas, car il aime les petites gens et il ne faut pas oublier qu'il est omniprésent sur les plateaux, car il est un excellent client. Donc, reste l'arme ultime, plus efficace que le bulletin de vote et la dissuasion nucléaire, la carte bleue. Je vais la mettre ailleurs que chez Leclerc, Carrefour, Lidl et compagnie.

Boycottons. Entièrement d'accord. Et je ne peux résister au plaisir de citer Gilles Fumey qui dit cela souvent, notamment devant des députés réunis en commission d'enquête sur l'alimentation industrielle*, en 2018 : « Les gens com-

* Commission d'enquête sur l'alimentation industrielle : qualité nutritionnelle, rôle dans l'émergence de pathologies chroniques, impact

muniquent essentiellement par la télévision avec la collectivité ; ils ont un nombre considérable de publicités dans leur boîte aux lettres et pensent pouvoir gagner quelques euros sur leur maigre budget en allant dans des grandes surfaces où des spécialistes du marketing réfléchissent depuis trente ans aux meilleurs moyens de leur vider les poches. Cette France reléguée est victime d'un grand prêtre : Michel-Édouard Leclerc. Il s'est arrogé un rôle qu'on ne lui a pas demandé de tenir. » M. Fumey est professeur des universités en géographie culturelle de l'alimentation à la Sorbonne. Un grand monsieur, croyez-moi.

Ultime argument, peut-être, s'il en fallait un : la façon écœurante dont la grande distribution récupère toutes les tendances. Regardez les affiches vantant les « alliances locales » des magasins Leclerc, et celles en rayon félicitant tel ou tel artisan ou paysan pour la qualité fabuleuse de ses produits. Une façon pour l'enseigne d'associer qualité à local dans le cerveau limbique du consommateur, selon un syllogisme conforme à l'antienne de la FNSEA (qui n'aime pourtant pas Leclerc, parlez-en à sa présidente, Christiane Lambert !) : « Ce qui est local est bon, car ce qui est local est français, et ce qui est français est forcément bon. » Visionnez les films que l'on peut parfois voir en magasin ou à la télé, mais surtout sur le site Web. C'est très bien fait, puisant aux codes de la bienveillance, de l'immuabilité et, bien entendu, de l'image d'Épinal : sur les affiches, photographié avec une

social et environnemental de sa provenance, 18 avril-26 septembre 2018.

lumière bien travaillée dans un champ ou à l'étable, le patron du Leclerc du coin pose avec la fermière qui porte son agneau, le paysan avec des choux plein les bras ou le pâtissier avec ses chocolats dans un champ plein de coquelicots. C'est rassurant, enveloppant, on a envie de coller l'affiche au-dessus de son lit. Dans une rizière, il y a par exemple Jean-Michel Bocquet, propriétaire du Leclerc d'Istres, pectoraux offerts par la veste ouverte, ventre plat, figure de rugbyman, qui semble dire au photographe : « Hé, tu ne la touches pas, toi ! », derrière Françoise Benoît, productrice de riz IGP Camargue à Saint-Gilles, dans le Gard, au lieu-dit Mas Canavère. Chemise rose en lin, celle-ci porte une brassée de riz sur son bras gauche, comme si c'était sa petite-fille en train de dormir. C'est mieux quand l'image bouge : alors, Nicolas Rieffel, « agitateur gastronome », ainsi qu'il se surnomme, nous transporte chez Mme Benoît. Le présentateur patauge dans la vase camarguaise pour lancer le sujet, qui démarre avec des plans de coupes de flamants roses, de taureaux et de libellules. Entre prises de vues au drone et en macro, on est saisi d'allégresse. L'ex-candidat à MasterChef 2011 retrouve ensuite la productrice et l'adhérent Leclerc, tout le monde a les pieds dans l'eau, M. Bocquet a même retroussé son bas de pantalon. Les trois amis sont éclairés par une lumière mal fixée, car elle se balade au gré du mistral. Dans le vert du riz, on apprend le bonheur que Mme Benoît a à travailler avec le distributeur, qu'elle remercie et félicite de tant soutenir le riz de Camargue certifié IGP – excellent, au demeurant, en particulier le riz rouge, que je vous conseille, bien que mes enfants ne l'aiment pas, car « il pique ». En retour, M. le directeur, qui fait moins le malin que sur l'affiche, la remercie, et l'on voit par un insert qu'en tête de gondole dans le magasin de Jean-Michel Bocquet, une affiche disant « Merci Françoise » indique aux clients les riz IGP de marque Canavère. En dépit des apparences, il n'est nullement dit que la famille Benoît est là depuis la fin du XIXe siècle, sur quelque 300 hectares avec un domaine loué 500 euros la journée aux chasseurs. Leclerc ne va pas jusqu'à soutenir un petit producteur, il lui faut du volume.

Filmé par Studio Femme, en partenariat avec Prisma Média et son titre phare, *Femme actuelle*, ce film est issu d'une « Web-série brand content ». Nous voilà confirmés dans l'idée que c'était un film promotionnel, aussi gros qu'un reportage sur une start-up innovante au journal de 13 heures. D'autres saynètes vantant l'engagement social, solidaire et écologique des magasins Leclerc sont réalisées par une agence spécialisée dans le local, qui travaille également avec Système U, Intermarché, Carrefour ou Monoprix. Voici donc l'Agence Producteurs locaux. Sa philosophie est claire : depuis 2007, elle « propose aux groupes de distribution alimentaire une expérience alternative sur leurs producteurs locaux et sur l'achat dit "local". Des plans de communication, visuels à 360°, sur photos et vidéos professionnelles et favorisant l'expérience consommateur et en recréant le lien et une proximité entre producteurs, consommateurs et distributeurs ». Au bout du compte, assure-t-elle, « une démarche ultra-valorisante pour le magasin et l'enseigne » par une « théâtralisation durable des rayons et du magasin pour un véritable marché dans l'hypermarché ». Dans les films on entend siffloter, les mains laissent filer des grains de maïs, le pain est lentement rompu, la vache lèche un doigt, on se demande si ce n'est pas celui d'Amélie Poulain. En postproduction, on ajoute « amour » et « saveurs », ou « valeurs d'antan ». Sur les photos, la peau est burinée mais sublimée par la lumière. « N'oublions pas que les Français vouent un amour particulier à l'agriculture paysanne traditionnelle. C'est pour cela que nous soignons l'image et la mise en scène de votre terroir et de vos producteurs. » En effet. « Une manière originale de renforcer également l'attractivité de vos rayons en y créant une ambiance de halles traditionnelles. » Le but étant de confondre enseigne et produits afin que le magasin soit perçu lui-même comme un label de qualité. C'est aussi subtil qu'une moissonneuse-batteuse dans un jardin public, mais ça peut passer, tant ces images fignolées, cette communication sensible peut surprendre et endormir la vigilance. Ayant compris qu'il leur fallait rassurer le client pour le diriger vers des sigles, des logos et des labels en lesquels il puisse avoir confiance, les professionnels de l'alimentation font assaut d'innovations. De communication. Par exemple, ils mentionnent tous « sans conservateurs », alors que c'est juste une obligation légale, non de le signaler, mais de ne pas en mettre.

La grande distribution est stratège. Elle sait charmer le politique, user de toutes les cordes sensibles pour faire valoir son importance et sa fragilité. Elle sait repérer l'écume afin de se préparer à surfer, pour aller plus vite que la houle qui monte. Ainsi se montre-t-elle, fébrile, en faveur des producteurs locaux qu'elle exploite pourtant. Ainsi se dit-elle préoccupée par les questions d'environnement et de nutrition, alors qu'elle ne se préoccupe que de ses marges. Mais voilà, les consommateurs changent. Les jeunes parents, entre autres, réclament du bio. Or le bio est antinomique avec « l'esprit » de la grande distribution. Les hypermarchés font du bio, dans l'espoir de contrôler la vague. Attention, danger…

2.

Et le bio, alors ?

Les dérives condamnables du tiercé perdant agriculture intensive-industrie agroalimentaire-grande distribution ont fait affluer un nombre toujours plus important de mangeurs vers le « bio » et les régimes « sans ».

Le bio s'est considérablement développé et, sans constituer encore une part déterminante du commerce alimentaire (seulement 3 % environ), c'est aujourd'hui un marché exponentiel, sorti de la marginalité militante. Légitimé par les chiffres de vente et les crises sanitaires et environnementales, adoubé par les stars de l'écologie, il est devenu synonyme de « mieux », le marqueur des bons consommateurs. Le 23 octobre 2018, titrant « L'alimentation bio réduit significativement les risques de cancer », *Le Monde* mettait en avant le travail, une fois encore remarquable, de l'équipe de l'Inserm d'Emmanuelle Kesse-Guyot, qui, en 2016, avait déjà établi une corrélation entre pesticides et maladies liées à l'alimentation (problèmes cardiovasculaires, obésité, etc.). Cette fois, l'étude établit un lien entre alimentation et diminution des risques de maladie, pour certains cancers hormonodépendants et les lymphomes, et pour celles et ceux qui ne mangent que du bio. Il ne faut pas oublier leur mode de vie plus sain que les autres, ni qu'il reste impossible de trouver un lien unique de cause à effet entre une consommation élevée d'aliments bios et une exposition moindre au cancer. Cela dit, malgré ces bémols, la publication est importante.

Ces « preuves » – il y en aura d'autres – vont attiser l'exigence en alimentant la critique qu'on entend de plus en plus sur la fiabilité et/ou l'honnêteté du bio : on craint de voir chez lui les mêmes dérapages que ceux des hypers et de l'industrie.

Quant aux régimes « sans », surmédiatisés, ils font chaque jour plus d'adeptes, sûrs d'avoir raison, et supportant sans broncher moqueries et suspicion.

Ces deux stratégies de rupture alimentaire, parfois radicales, sont-elles les bonnes ? Doivent-elles s'associer ? Petit voyage dans l'univers du bio et de l'alternatif…

L'alimentation haut de gamme

Naturalia est une grande chaîne de magasins bios qui a décidé de monter en gamme. Me voici dans le Naturalia Origines du XVe arrondissement, à Paris, mais ce pourrait être ailleurs. Tout nouveau, tout beau. Ça sent bon, un vrai conte de fées. Il y a des plantes sur les murs de la façade : ici, on aime la nature. « Fidèle à sa volonté de réenchanter l'expérience client et la conception de ses magasins, Naturalia Origines se décline dans un écrin végétalisé qui revisite les codes de l'apothicaire. » On ne vend pas, c'est vulgaire, on conseille le client qui, je cite affiches et documents, « plébiscite l'équilibre et l'harmonie, et recherche le calme et l'apaisement. Dans un monde dans lequel on a le sentiment de ne plus maîtriser grand-chose, où tout va trop vite, les soins alternatifs érigent la douceur comme qualité essentielle à toute action sur soi ». Dans ce temple du bien-être, on trouve des compléments alimentaires, un bar à herbes, une collection d'huiles essentielles, de quoi faire son produit à vaisselle maison ou sa tambouille aromathérapeutique et, aussi, des « super-aliments », comme ces cocktails de super-fruits, de super-graines, de super-algues ou de super-baies, qui, vous vous en doutiez, *super-boostent* notre santé. Je lis qu'un samedi, entre 14 heures et 18 heures, il y aura une rencontre avec Guayapi, marque qui vend des « produits nobles et éthiques d'Amazonie et de Sri Lanka aux multiples vertus ». Le dentifrice est à 8,80 euros, mais en plus, il est ayurvédique. Il y a des inscrits. Pas sûr qu'ils remettent en cause l'ordre marchand.

Toujours à Paris, dans un autre Naturalia, le spécial véganes du quartier de Pont-Cardinet, celui-là situé à quelques mètres d'un kebab. Je regarde les produits et lis leurs étiquettes. La vendeuse porte un tablier, cela semble être la norme chez les nouveaux épiciers. Elle répond à mon bonjour sans enthousiasme excessif. Prudent, je replie ma trottinette, car je ne voudrais pas qu'elle cause du fracas en s'affalant sur le carrelage. Une cliente en noir sait ce qu'elle veut : elle entre, prend, paie ; elle n'a pas dit un mot. Je la suis pour l'interroger, mais elle est déjà partie ! Dehors, un train que l'on ne voit pas fait écouter son bruyant ralentissement : il arrive à Saint-Lazare. Quand il se tait, le silence du magasin devient frappant. Elle est propre, l'épicerie, elle est lumineuse et très bien rangée. Face à la caisse, les quelques légumes présentés dans des paniers d'osier ne sont pas chers, alors qu'ils sont bios.

Pourtant, quelque chose me gêne. Rien ne dépareille dans les rayons, rien n'insulte le regard. Les couleurs sont douces, les inscriptions sur les paquets sont faites dans des typographies distinguées. On dirait le dessin de présentation d'un projet immobilier. Ça ressemble à un supermarché, tout en étant très différent : on n'est pas dans la vulgarité criarde d'un banal Carrefour City, ni dans la fonctionnalité d'un plus chic Monop'. On ne s'adresse visiblement pas à M. et Mme Tout-le-monde, ici, mais à une clientèle qui sait reconnaître de discrets codes sociaux, qui n'a pas besoin d'être guidée, sollicitée, pour acheter. Dans ce magasin, on est entre soi, on sait ce qu'on veut, on sait où aller, il vaut mieux, d'ailleurs. Car pour le quidam comme moi, c'est un voyage à la Tim Burton. Je vois des produits qui m'ont l'air familiers, mais quand je les prends, ils se transforment ! Ce camembert plus petit que la normale, par exemple, que je sors de l'armoire réfrigérée ? Il devient une « préparation fermentée inspirée de nos campagnes » à base de lait de noix de cajou. J'ai en fait entre les mains un « Crawtin de cajou » qui, à plus de 8 euros, coûte plus de deux fois le prix d'un bon camembert au lait cru. C'est pourtant mon péché mignon, la noix de cajou, à l'apéro, je pensais bien la connaître ! Jamais je n'aurais cru qu'on pouvait la traire pour en faire du fromage. Dans ce monde parallèle, je vois aussi un steak de bœuf, sur l'emballage, qui se révèle végétal, tomates-oignons, au soja. Je le prends pour goûter. Dans le rayon d'en face, je trouve du chocolat brut et, au bout du magasin, dans une armoire fermée à clé, des huiles essentielles au prix du champagne millésimé sont rangées comme dans une pharmacie du XIXe siècle. Si j'en crois les inscriptions, elles ont réponse à tout. Sur un mur, une affiche introduit un peu de réalité dans ce monde tout lisse, elle appelle le peuple végane à bien vouloir marquer bruyamment sa désapprobation envers l'abattage des animaux. Je sors du magasin, entre à Franprix, à Carrefour, dans une épicerie bio estampillée Déméter étonnamment peu chère, je prends le RER et rentre chez moi. J'allume le feu, lui colle une poêle en inox, un peu d'huile et mon steak.

Il n'est pas mauvais. Rien à voir avec un bout de viande hachée, ni au goût ni à la texture. Pas de jus, de sang, de rouge, pas ce gras subtil qui va loin en bouche, mais c'est un peu comme une purée de lentilles ; or j'aime les lentilles (avec des saucisses). Je regarde l'emballage : le taux de protéines y est presque, 17 % pour 100 grammes, quand un bon steak de mon boucher affiche 25 %. Pour deux fois plus cher au kilo, quand même. Peu salé, l'ersatz est assez subtil en bouche. Je vérifie sur le site de *Que choisir*, et là, je découvre que cette « idée végétale de Tossolia » est totalement dépourvue de vitamine B12, pourtant indispensable à notre cerveau. J'apprends aussi que ce machin est bourré d'isoflavones, des hormones végétales naturellement présentes dans le soja mais qui, à fortes doses, ont des effets délétères : ce sont des perturbateurs endocriniens, car elles sont perçues par l'organisme comme des hormones sexuelles féminines ; pour les ados en pleine révolution hormonale, sa consommation régulière peut déclencher chez certain(e)s des problèmes endocriniens. C'est qu'il est bio, et que le soja bio, comme toute plante bio, se défend toute seule contre ses parasites en sécrétant des isoflavones.

Mais, adulte, père de trois enfants, peu me chaut, je suis tombé sur un bon substitut à la viande. Les autres sont encore pires. D'après Patricia Chairopoulos, ma consœur de *60 millions de consommateurs* qui en causa devant les parlementaires de la Commission sur l'alimentation industrielle, en 2018, « les consommateurs qui achètent ces steaks supposent qu'ils ont un apport en protéines équivalent à celui que leur apporterait une escalope de volaille. Or les taux en protéines de ces steaks sont en fait extrêmement faibles, de l'ordre de 3 à 4 grammes de protéines pour 100 grammes, alors qu'il faudrait au moins 20 à 25 grammes de protéines pour qu'ils soient un substitut acceptable. Une personne qui ne consommerait que ces produits industriels se présentant comme un substitut des protéines animales finirait donc par être carencée en protéines, ce qui serait particulièrement grave pour des enfants ou des adolescents ».

Je consulte mes docteurs Dupagne et Chevallier. Est-ce grave de manger de cette façon-là ? « Non. Dans mon cabinet, je vois plutôt des gens en bonne santé, pas carencés, car ils savent ce qu'ils mangent, ils ont une culture de l'alimentation », analyse le premier. Il voit de plus en plus de végétariens, de végétaliens, de véganes qui vont bien, parce qu'ils ont interrogé leur mode de vie, plus que leur assiette. Le second est plus nuancé : « Les végétariens que je suis depuis des années ne sont pas carencés, car ils ont de bonnes combinaisons alimentaires. Par contre, parmi les véganes et les nouveaux végétariens et végétaliens, on voit des plus de 60 ans anémiés, des jeunes femmes avec de vraies carences en fer, en vitamine B12 et en vitamine D, des gens dénutris, parfois épuisés. » Supprimer quelque chose de son alimentation réclame un pilotage subtil, ce qui justifie à tout le moins de ne pas l'imposer aux femmes enceintes, aux enfants, et aux personnes âgées, fragiles ou en construction. Et de bien avoir en tête que manger sans, c'est manger beaucoup industriel, car seule l'industrie sait retirer ou remplacer un ou plusieurs nutriments. Les nouveaux rebelles de l'alimentation pensent sauver la planète ou leur santé, ils maintiennent surtout le compte d'exploitation des Big Six. Les véganes, en particulier, qui doivent acheter des supplémentations en vitamines B12 et D mais aussi, pour atteindre une satiété qui n'arrive pas vite, faute d'assez de protéines, beaucoup de produits ultra-transformés riches en sucres rapides et en additifs multiples.

La tentation ésotérique

Le réflexe de protection va parfois vers d'étranges replis. La biodynamie en est un. Vu comme ça, de loin, sur une étiquette de vin ou un produit estampillé Nature et Progrès ou Déméter, c'est du bio premium, du bio canal historique, c'est la bio, dans sa philosophie : du bio qui respecte tout, depuis le producteur jusqu'au consommateur en passant par la terre, l'eau, les arbres, les cultures, les vaches, tout. Le bio que je défends, pas ce qu'il est en train de devenir.

Mais vu de près, ce n'est pas seulement cela. Issue du cerveau de Rudolf Steiner, un Autrichien pangermaniste, national-socialiste, raciste et antisémite (c'était un homme complet), la biodynamie, tant vantée de nos jours, est fille de l'anthroposophie, une philosophie pleine de contes nordiques et de druides qui cueillent du gui. Le grand Steiner a eu la bonne idée de réhabiliter le fumier, le compost et la polyculture-élevage, à cette époque – les années 1930 – rangés au musée par l'agriculture scientifique en développement, mais il prônait aussi l'usage de décoctions de plantes afin de capter les énergies cosmiques seules à même de faire pousser les plantes et d'emplir les pis. Sans preuves, ce n'était pas nécessaire, car Steiner refusait la méthode expérimentale, et c'était même dangereux d'en chercher, vu que son combat fondamental était contre la science impie qui était en train de démolir la civilisation occidentale chrétienne. Que vendait-il aux paysans, le bon docteur ? La certitude que leur ferme était un organisme vivant qui pouvait durer s'ils savaient en galvaniser les fonctionnements et se passer de tout apport extérieur. Bref, la biodynamie, c'est la bio qui regarde l'horoscope. Rien d'étonnant à ce que, dans le cahier des charges de Déméter, on trouve des obligations comme celle-ci : « La bouse de corne et les préparations du compost doivent être stockées à l'abri de la chaleur, du gel et de la lumière, dans un récipient utilisant au moins 6 à 8 centimètres d'isolation de tourbe sèche de tous côtés. Le récipient de stockage et la tourbe ne doivent pas contaminer les préparations. La tourbe ne doit pas être en contact direct avec les préparations. La silice de corne doit être conservée dans un récipient en verre placé à la lumière du soleil du matin. La dynamisation des préparations biodynamiques doit être faite en réalisant un vortex énergique créé à partir de la périphérie du récipient, suivi par un mouvement immédiat dans l'autre sens, causant un chaos bouillonnant et un vortex à nouveau dans l'autre sens, puis après, un chaos inverse, puis un vortex, etc. pendant une heure complète. »

Pourquoi faire simple quand on peut faire compliqué ? Mouvement spirituel païen, Église sectaire qui ne dit pas son nom, philosophie qui sent la sueur imprégnée dans la chemise noire, l'anthroposophie est une tentation pour nous autres qui ne croyons plus en rien. En achetant le moindre complément alimentaire, qui repose avant tout sur l'effet placebo, c'est-à-dire la croyance, on y est déjà. Avec ses rituels grotesques, ses croyances sidérantes (on soigne le cancer avec des produits à base de gui, car bon druide ne saurait mentir), la biodynamie-anthroposophie nous apprend que la nature de la réalité repose en fait sur l'esprit. Du coup, ce sont les enfants qui choisissent leurs parents avant d'être conçus, ce sont les employés qui choisissent leurs patrons sans le savoir, car tout est prédestiné. On est prisonnier de son destin, juste bon à composer avec les astres. Chacun à sa place. On comprend mieux, dès lors, ce qu'est la biodynamie : « Souvent confondue avec l'agriculture biologique, l'agriculture biodynamique doit son appellation à l'organisation de rituels ésotériques dans les champs, chargés de dynamiser spirituellement les sols, les plantes et l'univers par des méditations, une liturgie et des accessoires qui seraient dotés de pouvoirs surnaturels », écrit mon confrère Jean-Baptiste Malet dans *Le Monde diplomatique* de juin 2018. Il conclut ce papier par la narration d'un rituel scolaire. Parce que la biodynamie, c'est aussi les écoles Steiner-Waldorf. Il en existe vingt-deux en France, fondées sur l'idée « de la liberté de l'homme, convaincues que l'amour, la confiance et l'enthousiasme, en lieu et place de l'ambition, la crainte et la compétition, dotent les enfants de la sérénité et des forces qui leur seront indispensables pour avancer dans un monde incertain, y réaliser leur projet d'existence, en contribuant au progrès de l'homme ». Belle intention, beau programme. Pourtant, « chaque année en décembre, dans toutes les écoles Steiner de la planète, les élèves participent à une cérémonie initiatique : la spirale de l'Avent. Elle se déroule dans une grande salle entièrement plongée dans l'obscurité. Sur le sol, des branches de pin forment une spirale, au centre de laquelle brûle un grand cierge. Durant le rituel, les élèves les plus âgés remettent une bougie aux plus jeunes. Tandis qu'élèves et professeurs chantent religieusement dans le noir, et quelquefois en allemand dans des pays non germanophones, les enfants porteurs d'une chandelle, encerclés par la totalité des membres de l'école, progressent seuls à l'intérieur de la spirale. Parvenus au centre, ils doivent allumer leur cierge et accomplir le chemin du retour ». Non, vraiment, contentez-vous d'acheter bio, ce sera suffisant pour vous sentir mieux.

Bio + sans, ceinture et bretelles

Vous en connaissez tous, comme moi. Ils et elles ont tous de bonnes raisons de manger… sans. Car la tendance est celle-ci : vivre « sans », parce que le tout est supposé néfaste. Ces nouveaux indignés de la malbouffe rejettent en bloc. Ils expurgent la viande ou le lactose, le gluten ou la cuisson, l'œuf ou la poule, c'est sans fin. Ils se nomment véganes (aucun produit animal), végétaliens (pareil, mais on met quand même des chaussures en cuir), végétariens (on s'autorise le verre de lait, la cuillère à soupe de miel et l'omelette), pescariens (pas de viande, mais du poisson et des fruits de mer de temps en temps), freegans (les clochards font les poubelles pour manger, eux font les fins de marché pour, disent-ils, limiter les déchets alimentaires), crudivores (que des crudités et, pour la sous-section des crudivores-carnistes, de la viande crue), paléos (ils ne chassent ni ne cueillent, quoique, mais ne mangent que des produits issus de la chasse et de la cueillette, donc pas de céréales, de sucre et de lait), no glu (les sans-gluten, très à la mode), no lac (les sans-lactose, pas mal à la mode également), chronomangeurs (j'essaie de trouver un nom à ces personnes qui mangent de tout sauf des produits laitiers, mais seulement quand l'horloge biologique le leur dit, autrement dit comme tout le monde) et j'en passe. En ce qui me concerne, je serais flexitarien, car il faut mettre les gens dans une case, autrement dit, je suis comme la majorité de l'espèce humaine habitant en France : je mange peu de produits issus des animaux, beaucoup de légumes, de féculents et de fruits, quasiment aucun produit transformé hormis le chocolat, et j'ai une folle passion pour le foie gras poêlé de mon copain Régis à La Belle Étoile, à La Roque-Gageac en Dordogne.

« Tu comprends, Marcel a des ballonnements, il régurgite, il crie le matin quand il se réveille ! » Marcel est un bébé de 10 mois, « en plus il a des rougeurs, alors on a commencé par arrêter le lait de vache, car il est sans doute allergique au lactose, et maintenant on lui donne du sans-gluten ». Le pauvre Marcel a grandi, il est aujourd'hui un peu sec, tout blanc, il boit du lait d'ânesse ou de soja, et mange des pâtes sans gluten, mais sa mère s'inquiète de son trop grand appétit pour la viande. Marcel n'est pas Marcel, vous l'avez compris, car il est le fils d'une connaissance versée dans la théorie du complot et l'obsession diététique, qui prendrait mal que je me fiche un peu d'elle. Marcel est collé à sa mère, qui ne sort jamais de chez elle et refuse évidemment les vaccins. Elle a basculé dans l'orthorexie, c'est un trouble du comportement alimentaire qui, selon la faculté de médecine, peut conduire à la malnutrition et se caractérise par l'isolement social de ses adeptes. Isolement au sens où ces névrosés finissent par ne plus manger qu'entre eux.

« Voilà le résultat de l'individualisation de l'alimentation : on est un être particulier, ne cesse de nous dire la société, donc on a chacun des besoins spécifiques que l'on peut revendiquer. Et dans la mesure où la nourriture a été médicalisée, si je suis mal, c'est que c'est sa faute », analyse la psychologue Estelle Masson, qui voit dans la mode des régimes le mur au pied duquel la société libérale et réductionniste a conduit les mangeurs. Éric Birlouez, le professeur de sociologie de l'alimentation, nourrit une réflexion similaire. Les « régimes », il les voit venir depuis un moment : « Individuellement on est à 3 % de végétariens au maximum, mais 21 % des Français déclarent avoir adopté de manière permanente un régime autre que le régime standard. Une sacrée évolution. C'est assez révélateur à la fois de la perte de confiance et des craintes que suscite l'alimentation d'aujourd'hui : c'est une façon de se rassurer. Quand on est inquiet, qu'on ne sait pas si l'on met sa santé en danger, le réflexe, c'est l'identification d'un bouc émissaire. On a trouvé l'aliment, l'ingrédient qui ne va pas », et l'on pense aller mieux. C'est l'effet nocebo : avec la conviction qu'une substance peut être nuisible, si je suis certain que le gluten est mauvais pour ma santé, le fait d'arrêter d'en manger implique que forcément je me sens mieux. Et puisqu'en plus c'est marqué sur l'étiquette, « sans gluten », c'est bien la preuve que c'est dangereux, le gluten ! « Plus profondément, aller vers ces régimes sans, ça veut dire que j'ai pris une décision, j'affirme mon identité, je décide et je reprends le contrôle. » Quand on est dans le brouillard, on s'accroche au moindre repère. « Et je suis conforté par la communauté d'Internet, complète Éric Birlouez. Je ne suis pas tout seul à être végétarien ou no glu, c'est encore plus rassurant. Cette communauté virtuelle me conforte dans mes choix, je lui fais plus confiance car elle est plus proche de moi symboliquement. Même quand on voit Internet et les réseaux sociaux véhiculer toutes ces âneries et affabulations… »

Cet enfermement identitaire dans de nouveaux régimes, sans ceci ou cela, constitue une réponse simple, faussement scientifique, à un problème, le mal-être, autrement plus complexe. Sans prendre conscience que les produits « sans » sont pour beaucoup industriels, le mangeur malheureux se piège dans une posture victimaire en compagnie de gens identiques.

Prenons le cas du gluten. Même l'Association française des intolérants au gluten reconnaît qu'à côté des 600 000 personnes réellement intolérantes (elles ont contracté la maladie cœliaque, et le seul remède est l'exclusion de toute forme de gluten), il existerait environ 4 millions de mangeurs qui se déclarent intolérants sans être malades. L'industrie s'est bien entendu jetée sur cette mode, tout heureuse de se refaire une virginité en proposant des produits forcément plus sains à des clients qui se disent en quête de naturalité, laquelle est donc incompatible avec le gluten. Petit rappel : les glutens, car il y en existe divers types, sont de grosses protéines propres aux graminées, qui servent de liant aux produits issus des farines, et rendent possible la confection de pain, de pâtisseries ou de pâtes. Blé, seigle, avoine, froment, épeautre ou encore orge en comportent, mais pas le sarrasin ni le maïs. Or non seulement l'industrie multiplie les références, mais elle va jusqu'à apposer « sans gluten » sur des produits qui ne peuvent pas en contenir comme les chips, le saucisson, les croquettes du chat et le rouge à lèvres, au grand bonheur des hypers qui n'aiment rien tant que multiplier les niches et n'ont jamais peur du ridicule. Au moins, est-ce mieux dans l'assiette ?

Mes bons docteurs Dupagne et Chevallier ne le pensent pas. Ils sont même en vérité un tantinet furax. Le second est consterné par ce qu'il voit dans son cabinet : « Le sans-gluten est bourré d'additifs. Les gens découvrent que le gluten peut poser un problème pour un certain nombre de personnes, c'est connu depuis longtemps, mais ils se radicalisent, comme d'autres le font aussi pour le sucre, certaines graisses, le lactose, etc. » Le premier, avec qui j'en suis à l'addition, voit dans la mode no glu la confirmation de ce qu'il me disait d'entrée : « Que voulez-vous, on a l'impression qu'on va mourir rien qu'en mangeant, alors on trouve un coupable, et l'industrie en profite ! » Une magicienne, cette industrie, car elle a eu le génie de focaliser le regard sur un détail afin de masquer ses tours. « Toute l'histoire du marketing agroalimentaire revient à favoriser les postures : l'industrie a toujours directement ou indirectement nourri la cacophonie alimentaire afin de tirer son épingle du jeu », analyse Laurent Chevallier. Certes, mais j'en reviens à ma question : est-ce mieux, dans l'assiette ?

La réponse des chercheurs et des associations de consommateurs est claire et nette : c'est pire. Quand le gluten est ôté, il est remplacé par autre chose, et cette autre chose est détestable. Pour apporter le moelleux ou le liant perdu, on ajoute des épaississants et des émulsifiants. Pour compenser au goût la perte en protéines, on ajoute du sucre et du sel. Pour pallier la perte des fibres… on ne fait rien.

Lisez les analyses dans *60 millions de consommateurs* et *Que choisir*, c'est consternant. « Trop riche », « trop salé », « trop sucré », et « trop cher » : pour faire sans, l'industrie doit changer ses procédures, mais puisque la clientèle des faux intolérants a du pouvoir d'achat, pourquoi se gêner ? Le plus triste est que l'une des hypothèses (encore peu étayée, cela dit) pour expliquer l'augmentation du nombre de personnes atteintes de la maladie cœliaque cible les blés et céréales dont le taux et le type de gluten ont été modifiés à la demande de l'industrie, afin de fournir des farines faciles à panifier !

Psychologies magazine a mené une excellente enquête sur les malades, publiée sur le site du journal en avril 2018. « S'il leur arrive d'éprouver un sentiment de perte, les patients interrogés sont unanimes sur ce point : la maladie a eu ceci de positif qu'elle les a incités à faire davantage attention à leur alimentation », résume Julie Martory, son auteure. Ces patients, beaucoup de femmes, sont devenus plus vigilants sur l'étiquetage, plus regardants sur les compositions des produits industriels. « La traque ne s'applique plus seulement au gluten, mais aussi à toutes ces substances pointées du doigt depuis quelques années : graisses trans, additifs, colorants, etc. Pour le malade, mais aussi, le plus souvent, pour toute la famille. Nous sommes ce que nous mangeons ; pour être bien, mangeons bien. La maladie cœliaque sensibilise à l'importance de la qualité de l'alimentation, dans un souci de bien-être général. » Une dimension holistique qui fait redécouvrir l'essentiel, malheureusement à l'occasion d'une maladie très invalidante socialement. Les gammes sans gluten sont à réserver aux vrais malades, les manger quand on ne l'est pas, c'est d'autant plus aberrant que cela fait le jeu d'une industrie que les intéressés prétendent souvent vomir. La mode est en train de passer, cependant. Des études d'opinion indiquent que les Français se disant intolérants sont moitié moins nombreux qu'il y a dix ans, alors que les glutens sont toujours les mêmes dans les produits industriels et à la boulangerie. « Comme si la tête contribuait à la digestibilité du gluten ? » s'interroge Estelle Masson, taquine.

Bio à la chaîne

Le mangeur d'aujourd'hui remet tout en cause, et cherche des mondes meilleurs où l'industrie et l'agriculture intensive n'auraient rien bouleversé. Par opposition au reste, le bio est paré de toutes les vertus. Il n'a pas été souillé par les produits chimiques. Il est pur. « Je m'étais imaginé que les gens allaient juste faire les courses chez nous », se souvient Chloé Vialle, une des associés de l'Épicerie du Coing, 60 mètres carrés de bio et de local à Novalaise, village un peu aisé au nord du lac d'Aiguebelette, au-dessus de Chambéry. « En fait, il y en a beaucoup qui viennent ici pour ne pas tomber malades… pas pour se faire plaisir. Dès qu'il y a un doc à la télé, ils rappliquent pour tout changer, éventuellement, toujours pour ne pas être malades. Ce n'est pas rare qu'on me demande quoi manger pour éviter Alzheimer ! » Regardant la place du Bourniau en compagnie du bar

L'Étape, le Coing est serré entre deux rues au rez-de-chaussée d'une maison étroite, devant l'église. Bordélique, mais organisée, comme l'est toute maison qui vend en vrac, le Coing approche les 2 000 références sur la surface d'un petit F3. On est loin des géants du secteur. « Ces clients, qui ont parfois, c'est vrai, de gros problèmes de santé, sont aussi guidés par la mode. Une nouvelle graine, et ils nous la demandent, sans s'interroger. » L'objectif de santé, la volonté de pureté priment. Et en dépit de ce qu'elle en sait, de ces graines miraculeuses, Chloé vend, car elle n'est pas bégueule. En plus de tenter de mieux nourrir ses semblables, elle les fait danser lorsqu'ils sont devenus psychotiques à la Villa des Roses et au Centre lyonnais de psychiatrie ambulatoire, à Lyon. Mince comme une danseuse, c'est normal, elle l'est, l'associée de l'Épicerie du Coing n'a jamais fait de régime. « J'ai fait attention, sans me priver, c'est tout. Du coup, je suis surprise face à des clients qui veulent absolument chasser tout sucre de leur alimentation, en exigeant des biscuits sans sucre », ce qui est quand même compliqué. « Les véganes sont les plus difficiles, car ils ont toujours peur d'être empoisonnés. Ça les gêne, par exemple, que j'aie des lardons dans mon armoire frigorifique deux rangs au-dessus des falafels ! »

Même dans une véritable épicerie bio comme celle-ci, on trouve ainsi des formes de consommation qui n'ont rien à envier à celles que promeut la grande distribution – qui se trouve d'ailleurs derrière nombre des enseignes bios ayant fleuri un peu partout en France ces derniers temps. Souvent organisées comme de grandes et moyennes surfaces classiques, celles-ci mettent en avant des produits qui portent leurs injonctions morales et sanitaires – toujours là sur l'emballage. C'est avant tout l'absence de pesticides ou d'OGM qui sert d'appel. Ou l'absence de tel ou tel ingrédient, comme on vient de le voir. Cela permet visiblement à cette cliente d'un joli Biocoop de Lyon d'acheter l'esprit tranquille : elle cherche un « truc qui ressemble au Nutella », et en trouve quatre grâce à la gentillesse sérieuse d'un vendeur barbu. En face, de l'autre côté d'un boulevard, Naturéo aligne les mêmes armoires réfrigérées remplies de produits tout prêts (et un semblable vendeur), bios, véganes ou simplement végétariens. Et voilà comment on bascule dans la malbouffe, version verte, rendue raisonnable à coups d'estampille. On sait qu'on va mal manger, l'étiquette AB aide à se rassurer…

Dans ces magasins, on n'entend pas de bruit. On ne parle pas plus aux vendeurs que dans un autre. On consomme de même, avec la certitude de moins se faire mal. Changer peu son mode de vie tout en espérant vivre plus vieux : un certain bio a trouvé la martingale. Chez Biocoop, je tombe sur un distributeur d'eau. Il ressemble à une gazinière américaine, en fait c'est un « osmoseur » qui « revitalise » H_2O en le filtrant à fond. Cela vous met le litre à cent fois plus cher qu'au robinet, avec beaucoup moins de minéraux. Avec aussi beaucoup plus de micro-organismes, car les filtres sont des nids douillets pour bactéries et champignons. Et puis, pour éviter le colmatage des membranes, il faut faire passer de l'eau dessus. Quelques litres, avant que vous ayez le vôtre. L'eau en vrac, invention marketing du monde du bio, est un non-sens physiologique et écologique. Mais elle rassure des consommateurs qui ont peur de tout, et qui gâchent la fête de cette belle vision du monde qu'est le bio.

Le bio, toute une histoire

Car le bio, il faudrait s'en souvenir, est d'abord une vision du monde. Certes, à l'origine, celle-ci n'était peut-être pas des plus reluisantes. Mais c'est une revendication qui a heureusement vieilli. Le bio est né, en effet, dans les mouvements paysans très violents de la fin du XIXe siècle et des années 1930, qui attaquaient le progrès social, la science dangereuse, la technique perverse, la ville amorale, la laïcité blasphématoire et la République corrompue pour réclamer le retour à la terre, aux valeurs naturelles et aux traditions solides de la civilisation paysanne des siècles passés qui avaient fait de la France une société chrétienne stable et immuable. Il faut le dire, l'agriculture biologique a germé dans les cerveaux pourris d'antisémites, de racistes, de rigides, de dévots et de fascistes. Steiner n'était pas le seul grotesque effrayant de son époque.

Il a fallu attendre les années 1960 pour que le mouvement se débarrasse de ses chemises brunes, noires ou kaki et devienne ce qu'il est encore aujourd'hui, dans son esprit : une vision alternative du monde qui questionne en profondeur notre mode de vie. En 1969, un premier congrès de l'agriculture biologique se tient à Bordeaux, au cours duquel est rédigé un cahier des charges et des bonnes pratiques. Une première charte du bio est proposée en 1972 par l'association Nature et Progrès, créée en 1964 pour tenter de faire sortir le mouvement des dogmes, des courants qui se détestaient et, déjà, des dérives mercantiles. Il faut toutefois encore attendre six ans pour qu'enfin la Fédération nationale d'agriculture biologique réunisse presque tout le monde. C'est par un décret du 10 mars 1981 que l'agriculture biologique est définie par un cahier des charges. Le logo AB naît en 1985, il est reconnu en 1991 par l'Europe, laquelle active le 1er janvier 2009 les deux règlements qui, depuis, encadrent le bio pour les 28 pays membres.

Le bio (j'ai recomposé le texte de loi pour faciliter la lecture) « vise à produire une grande variété de denrées alimentaires et autres produits agricoles qui répondent à la demande des consommateurs concernant des biens produits par l'utilisation de procédés qui ne nuisent pas à l'environnement, à la santé humaine, à la santé des végétaux ou à la santé et au bien-être des animaux ». Cet objectif doit être atteint par un « système de gestion durable qui respecte les systèmes et cycles naturels et maintient et améliore la santé du sol, de l'eau, des végétaux et des animaux, ainsi que l'équilibre entre ceux-ci ; contribue à atteindre un niveau élevé de biodiversité ; fait une utilisation responsable de l'énergie et des ressources naturelles, telles que l'eau, les sols, la matière organique et l'air ; respecte des normes élevées en matière de bien-être animal et, en particulier, répond aux besoins comportementaux propres à chaque espèce animale ». Ces belles intentions sont conformes à la philosophie de la bio telle que l'a formalisée Nature et Progrès il y a près de cinquante ans. Mais dans ce cahier des charges, il n'y a aucune obligation, c'est bien là le problème. Et aucun repère défini. Qu'est-ce qui mesure le respect des sols et de l'animal ? Aucune obligation n'est faite de maintenir des haies, de réduire la taille des parcelles ou d'accompagner la vache jusqu'à la porte de l'abattoir. Certes, on se doute que l'agriculteur qui décide de passer au bio ne le fait pas par hasard, mais après une réflexion qui lui a fait prendre pleinement conscience de la nécessité de tout respecter, comme c'est le cas pour l'écrasante majorité des agriculteurs en bio. Les bios, en France, sont avant tout des écologues-agronomes.

Voilà pourquoi AB rassure. AB pour agriculture biologique, tout simplement. C'est le logo le plus connu de tous, beaucoup plus que son équivalent européen, la feuille. Le degré de confiance est maximal, sauf pour 10 à 20 % des consommateurs, selon les sondages, qui disent que c'est publicitaire. En majorité des personnes âgées, ce que j'ai souvent eu l'occasion de constater : pour elles qui ont connu les Trente Glorieuses et le potager du jardin, le bio est une entourloupe marketing faite pour vendre plus cher des produits qui ne l'étaient pas avant, c'est une mode, et d'ailleurs, comment on peut être bio alors que la terre, l'eau et l'air sont pollués ? Cette affirmation, point sans fondement théorique, illustre la complexité du marché – et de la « question bio ».

AB rassure, pour l'instant

Il est très difficile, en effet, d'établir un carnet de bord rigoureux réunissant des indicateurs robustes permettant de quantifier les bonnes pratiques quand il s'agit de biodiversité ou de matières organiques. On ne peut pas tout quantifier. Par le cahier des charges, les agriculteurs en bio n'ont qu'une obligation de moyens, assez vague, et pas de résultats, y compris et surtout sur le point central de la réglementation : les méthodes employées par les paysans « excluent le recours aux OGM et aux produits obtenus à partir d'OGM ou par des OGM à l'exception des médicaments vétérinaires » ; elles doivent « restreindre l'utilisation d'intrants extérieurs à ceux provenant d'autres productions biologiques, aux substances naturelles ou substances dérivées de substances naturelles, aux engrais minéraux faiblement solubles, et limiter strictement l'utilisation d'intrants chimiques de synthèse aux cas exceptionnels ».

En pratique, le cahier des charges réduit le bio au non-usage des OGM, des pesticides et des engrais synthétisés par l'industrie ainsi qu'à la limitation des médicaments et des antibiotiques vétérinaires. Autrement dit, rien ne vous empêche d'être en bio alors que vous détruisez vos sols, vos haies, vos zones humides et maltraitez vos animaux. En France, c'est difficile, cela dit, car c'est une agriculture très contrôlée. Bien que les vérifications portent uniquement sur les OGM et les pesticides, un exploitant qui labourerait des champs sans arbres ni haies se ferait vite rappeler à l'ordre par le monde de la bio. Mais qu'en est-il à l'étranger ? 30 % des produits frais estampillés AB dans les grands magasins et les magasins spécialisés viennent de l'étranger.

Le bio est paradoxalement fragilisé par son succès. Le marché continue de grandir, en France, mais la production peine à suivre. Il n'y a pas assez de production française, et celle-ci est souvent plus chère, alors les distributeurs, pour répondre à la demande, commandent à l'étranger. La grande distribution sort les grands moyens. Elle importe, pour moitié, des produits comme l'ananas et la banane, qui ne poussent pas chez nous. Restent donc 15 % de pommes, de poires ou de cerises qui ne devraient rien avoir à faire dans nos rayons. Moins à cause des émissions de carbone induites que par la contradiction que portent ces produits cueillis loin, donc tôt, avant leur maturité, c'est-à-dire des jours voire des semaines avant qu'ils n'aient atteint la teneur maximale en oligoéléments, bien supérieure à celle des fruits et légumes « conventionnels ». À quoi ça sert d'acheter bio venu de très loin ce qui pousse chez nous ? À rien. C'est même… complètement stupide.

Le bio qui se cache derrière la certification AB est ainsi menacé par celles et ceux-là mêmes qui prétendent le développer, la grande distribution et l'industrie agroalimentaire. Résumé à l'absence de pesticides, le bio est une aubaine pour les firmes qui savent très bien faire sans. L'industrie qui sait fabriquer depuis longtemps des produits ultra-transformés sans à peu près rien de naturel ni de métaboliquement acceptable par notre physiologie a raison de ne pas avoir peur du bio. C'est même pour elle une occasion de capter de la valeur ajoutée au détriment de la grande distribution. Alliée objective du monde agricole face aux grandes et moyennes surfaces, l'industrie voit le bio comme une niche premium. De quel bio parle-t-elle ? D'un bio réduit à un « sans pesticides », au strict cahier des charges, facile à faire entrer dans des processus rationalisés. Pas de la bio, conforme à une philosophie exigeante de respect des hommes, des races, des variétés, des sols, de l'eau, des arbres, des haies, des zones humides, des écosystèmes... Pour les quatre centrales d'achat de la grande distribution, le bio est même une nécessité. Les clients fuient les grands magasins, les retenir par la confiance qui irradie du logo AB est une bonne idée. Alors on crée des rayons verts, ce qui a au moins le mérite de faire connaître le bio au plus grand nombre. Mais qu'en sera-t-il demain, quand, la demande continuant d'excéder l'offre française, les centrales d'achat achèteront massivement à l'étranger, dans des pays où les contrôles sont aléatoires et parfois peu sérieux, et la philosophie de la bio réduite au cahier des charges européen ? Alors les producteurs nationaux, quasi tous vertueux, qui aujourd'hui dictent peu ou prou leurs prix dans ce marché encore marginal (3 % du marché alimentaire national) se retrouveront face à des acheteurs en position plus confortable qui feront ce qu'ils ont toujours fait : la loi. À moins que le monde du bio ne se soit d'ici là structuré en organisations qui permettront aux producteurs de négocier comme un seul homme face à l'oligopole des gondoles. On veut y croire.

En attendant un hypothétique nouveau label AB qui intégrerait les exigences strictes en matière de respect des sols, des bêtes et des paysans inscrites dans les chartes Déméter, Nature et Progrès ou BioCohérence, achetons bio, oui, mais français, nord-européen, pas espagnol ou chinois. Vérifions la provenance. Pour des raisons sociales : un salarié français sera toujours mieux payé et considéré qu'un saisonnier marocain sous une serre à fraises espagnole. Pour des questions gustatives et nutritionnelles : répétons-le, un légume et un fruit n'ont d'intérêt et de goût que s'ils ont été cueillis à maturité, en saison.

Fragile, le bio

Le succès croissant du bio, les professionnels s'en félicitent, ce qui ne les empêche pas de s'interroger sur sa solidité. Ainsi des producteurs de lait réunis dans la coopérative Biolait. Il y a la ferme des mille vaches, il y a ici la vache des mille fermes, dit-on fièrement dans cette société par actions simplifiée qui ressemble à une coopérative. Âgée de vingt ans, elle n'a pas grossi au point de perdre son âme, elle reste au service de ses clients, les éleveurs, et pas des industriels ni de la grande distribution comme souvent quand une coopérative devient un monstre financier. Et cela, je l'ai bien senti lors de l'assemblée générale dont j'ai été le « grand témoin », c'est-à-dire l'emmerdeur payé pour gratter là où cela démange.

En ce jour d'avril 2018, dans une propriété dévolue aux séminaires et aux congrès, 700 et quelques éleveurs s'étaient réunis pour voter, changer de président, et s'interroger : quel sera l'avenir du bio, alors que le succès est là ? Bonne question, on ne s'endort pas sur ses lauriers chez Biolait. J'étais arrivé en train en compagnie d'agriculteurs joyeux, le minibus nous avait fait traverser un paysage solognot, alors que nous étions au nord de Nantes, à Saffré. 700 éleveurs sur 1 200 adhérents, dans une ambiance réellement amicale, c'était bon signe. D'expérience, quand vous n'avez pas grand monde dans une AG, et que tout le monde s'engueule quand même, c'est que la direction est coupée de la base et que celle-ci ne retrouve plus ce en quoi elle croit. Il me fallait pourtant leur dire qu'ils avaient à se méfier d'eux-mêmes, car le beau logo pouvait s'effondrer d'un coup. En fait, ils le savaient déjà.

Depuis le scandale Lactalis, nous regardons le bio comme méritant la confiance que l'industrie a gâchée. Mais la faute morale de celle-ci, alliée à la grande distribution, est si grave, le scandale est tel que nous sommes devenus, à juste titre, suspicieux – et désormais pour tout. Il a suffi, en début d'année 2018, d'un sujet de France 3 sur la découverte de traces de pesticides sur des carottes bios, suivie d'une enquête du magazine *60 millions de consommateurs* sur le même sujet, pour que le logo vert soit contesté. Bio, conventionnel, tout pareil ! Or il n'est pas anormal de dégoter des traces de pesticides sur une carotte bio, car les carottes vivent comme nous dans un monde pollué, elles poussent parfois à proximité de champs de carottes conventionnelles, elles sont parfois transportées par des camions qui ont pu juste avant transporter les voisines. La contamination peut advenir ; qui plus est, elle n'est portée que par des traces… à peine mesurables.

Mais voilà, le bio est fondé, dans notre esprit, par son honnêteté et son innocence… et cet idéal le rend fragile ! Demain, à mesure que le bio gagnera des parts de marché, le risque de voir ce genre de polémiques stupides (la carotte bio est aussi cancérigène que l'autre) se multipliera, et avec lui, la probabilité d'un scandale sanitaire ou, bêtement, d'une lassitude du public à voir se multiplier reportages et « infos exclusives » sur le bio-c'est-comme-le-reste. Un jour, le cuivre, autorisé comme pesticide bio, sera interdit dans toute l'Europe, comme il l'est déjà au Danemark. Que penseront alors les consommateurs ? Qu'on leur a menti ?

L'image parfaite du bio a déjà été altérée par la découverte, via les caméras embusquées de L214, que même les vaches bios peuvent être maltraitées et tuées salement dans des abattoirs indignes. L'association animaliste tombe de plus en plus dans l'extrémisme moralisateur, elle n'en a pas moins mis le doigt sur une erreur majeure de la communication du monde bio. Celui-ci s'est contenté de se présenter en univers du bien, en alternative aux errements de l'agriculture conventionnelle qu'il a eu beau jeu de désigner comme le monde des ténèbres. Or, qu'elle soit bio, Label rouge ou venant de l'éleveur du coin qui alimente le boucher du village, « une vache transportée loin de son propriétaire, dans un camion bondé, qui arrive déjà stressée dans un abattoir, sent, seule, la mort des vaches déjà abattues, et panique », me dit une éleveuse rencontrée lors du formidable festival Appel d'air qui s'est tenu fin août 2018 dans la ferme d'Adrien Guellier près de Vendôme. « Elle sent le sang, le stress, et les restes de celles qui sont mortes avant. »

L'éleveur à ses côtés, elle ne pressentirait la mort que dans les derniers moments. Et puis, bio ou pas, si elle est abattue dans un lieu infâme par des hommes qui ne sont que des ouvriers sous-payés et méprisés par une société hors-sol qui cache ce sale boulot qu'elle ne veut pas voir, cette vache ne mourra pas dignement.

En notre temps qui vit une révolution majeure, celle de la conscientisation du monde animal, l'élevage doit se regarder bien en face. Il le fait. Et le monde du bio ne devrait surtout plus donner de leçons de morale. Certains parmi nous, consommateurs, croient sincèrement que l'élevage bio est celui d'antan, dans de petites fermes appartenant à de gentilles familles vêtues de chemises à carreaux et parlant avec un accent. Le lait bio, c'est aussi, comme le lait non bio, des camions, des cuves en inox, des gros tuyaux, des salles de traite robotisées, des femmes et des hommes déguisés en laborantins pour faire des fromages… issus de vaches parfois en stabulation, qui ne sont pas embrassées chaque matin par leurs propriétaires et ne sont pas prises naturellement par un taureau mais par la grosse seringue d'un inséminateur diplômé. Le bio peut être aussi industriel, aussi hygiénisé, aussi brutal avec l'animal que l'industrie en laquelle on ne croit plus.

L'autre fragilité du bio est financière. Il se vend, le chiffre d'affaires du secteur croît depuis dix ans d'environ 15 % chaque année, mais, comme je l'ai découvert en participant à moult débats organisés par des transformateurs ou des distributeurs ainsi qu'aux assises annuelles de la bio, les bases nécessaires à son développement ne sont pas toujours là. Les transformateurs, par exemple, ne sont pas tous bien équipés pour affronter l'extraordinaire explosion de la demande. Fondées par des militants qui n'ont pas toujours prévu leur succession, ces entreprises ne sont pas faciles à transmettre avec leur philosophie fondatrice, militante, écolo et bienveillante, ni à recapitaliser. Les fondateurs ont envie de vivre une retraite confortable, les banques ne se bousculent pas pour prêter, passer en coopérative n'est pas facile quand on s'y prend au dernier moment, alors que les grands groupes industriels sont toujours prêts à entrer dans le capital, moyennant un bon retour sur investissement et une autre gouvernance. Ces entreprises sont en fait fragilisées par ce qui a longtemps fait leur solidité : leur militantisme. On ne se préoccupe pas trop d'argent, quand on est défenseur de la planète. On ne fait pas non plus trop attention aux horaires de travail, aux conventions collectives, à la hiérarchie et aux autres règles communes. Le succès du bio révèle également des trous dans la formation. Les agriculteurs le savent, qu'ils fassent de la conservation du sol, de l'agroforesterie ou du bio, l'acquisition du savoir est complexe. Il faut se faire sa culture soi-même, parce qu'il ne faut pas trop demander aux chambres d'agriculture ni aux centres de formation qui véhiculent d'abord la pensée conventionnelle. Pourtant, la clientèle change, de plus en plus d'apprentis agriculteurs candidatent alors qu'ils ne sont pas issus du sérail. Toutes et tous veulent faire de l'agriculture, de l'alimentation, de la vente différemment, comme me l'a fait remarquer Yves Benoît, que vous rencontrerez au début du chapitre 5. Mais qui est là pour leur enseigner ? Trop peu de formateurs formés à ne pas être formatés. Même la découpe d'un bovin bio nécessite des gestes différents. Le monde de la bio ne sera pas un eldorado d'emplois ; il n'en nécessite pas moins de nouvelles formations, pour de nouveaux métiers très techniques.

Bio, ce n'est pas que du bio

À Féron, au sud de Fourmies, dans le merveilleux Avesnois qui étend ses haies entre Le Cateau et Charleville-Mézières, la ferme du Pont-de-Sains est une des rares à faire du maroilles avec du lait cru, et des handicapés. La ferme du Pont-de-Sains est en fait un établissement et un service d'aide par le travail (ESAT). Du fromage par l'insertion, c'est une vocation sur laquelle les responsables de la ferme ont refusé de communiquer « car on ne veut pas de la compassion ni de la pitié, on veut que les gens achètent nos fromages parce qu'ils sont bons, et bios », dit avec force la directrice. La ferme a fait un film, projeté en clôture de l'assemblée générale Biolait, pour fêter le lancement du premier maroilles bio.

On n'y voit aucun handicap, et c'est tant mieux. Mais une chose m'a gêné, qui m'a sauté aux yeux. On voit des blouses, des masques, de l'inox, mais point de haies, de prés, d'ardoises bleues, de briques rouges, de chemins creux, de bières et de fortifications de Vauban ! C'est à peine si l'on croise des vaches. C'est cela, le bio ? Des tubes et des blouses ? Un maroilles bio au lait cru entier, ça devrait être tout l'Avesnois capté dans du lait et magnifié par des ferments, la continuité d'une histoire entre les hommes et la nature facilitée par l'agronomie et des techniques industrielles. Des valeurs patrimoniales et humaines plus diverses et plus fortes que l'hygiène de l'inox… Pourquoi ne les a-t-on pas montrées ? Je n'ai pas voulu poser la question, je serais passé pour un donneur de leçons, et il n'est pas dans mes habitudes de mettre des gens mal à l'aise, surtout s'ils font des choses formidables.

Mais ce film est révélateur. Dans sa communication, le bio ne sait pas toujours très bien quoi mettre en avant. Or il faudrait promouvoir la bio, au féminin – j'insiste –, la philosophie originelle que l'on a réduite à un cahier des charges, bien plus que le simple non-usage des intrants chimiques. C'est une vision du monde, la bio, un projet d'avenir fondé sur le respect de tous les maillons de la chaîne alimentaire, qui part du producteur, emprunte à la nature, et se termine dans notre bouche. Cette vision a un coût, dont le prix plus élevé est en fait le prix réel des choses. Un exemple, celui des cochons. Le jambon pas cher, issu de porcs élevés dans des conditions dégueulasses en Bretagne, ce sont des taxes pour épurer l'eau gavée de phosphates issus de porcheries immondes, plus des impôts locaux qui grossissent pour attraper les algues vertes nourries aux phosphates échappés en mer, plus des subventions pour permettre à ces élevages dégueulasses de continuer à fonctionner afin que l'économie bretonne ne s'effondre pas. Alors qu'une fois que vous avez payé votre jambon bio, à tout le moins celui d'un éleveur qui travaille correctement, vous ne le payez qu'une fois, car il n'y aura pas d'à-côtés.

Ouvrons-nous, si possible, à cette philosophie qui est une façon de dire le monde dans lequel l'on aimerait voir vivre nos enfants. Un monde où les paysans seraient assez bien payés pour partir en vacances, par des consommateurs assez cultivés pour savoir ce qu'est la qualité et que celle-ci a un prix, qui permettrait aux paysans de travailler en respectant les sols, les bêtes, les plantes, les haies, les insectes et les salariés. Ce sont ces valeurs de respect que doivent mettre en avant les acteurs de la bio. Par une communication qui sache dire qu'un produit bio, c'est un terroir à lui tout seul, car fruit d'une relation pleine d'égards, pérenne et identifiée entre des hommes et lui. Le bio, comme l'écologie, c'est du social.

Bien compris dans son esprit, le bio est un levier formidable pour changer de modèle agricole. Nombre d'agriculteurs – je les évalue à 20 % – ont changé de façon de faire, souvent pour des raisons économiques au départ, ensuite après avoir découvert qu'ils peuvent gagner autant si ce n'est plus en travaillant moins les sols, en fichant la paix à la nature qui les entoure, parce que cela leur fait diminuer les quantités de pesticides, d'antibiotiques et d'engrais chimiques dont ils ont besoin. Ils n'ont pas le label bio, parce qu'ils ne l'ont pas demandé, parce qu'ils trouvent les trois ans de transition trop coûteux ou les contraintes d'être certifiés par trop drastiques (il y a deux à trois contrôles par an). Pourtant, ils cochent presque toutes les cases de la philosophie de la bio, qui en comporte bien plus que la charte AB.

Comment les reconnaître ? Au marché, on peut leur demander s'ils sont bénéficiaires des labels « Haute valeur environnementale », une sorte de trèfle avec une ferme dedans, un papillon et un gros soleil, délivré par le ministère de l'Agriculture. Le HVE numéro 3 est très proche de la philosophie de la bio. Avec 1 015 exploitations titulaires de l'heureuse mascotte, sur un total de 470 000, on ne peut pas dire que, statistiquement, vous ayez beaucoup de chances de pouvoir acheter leurs produits. Vous aurez plus de réussite en achetant du bio français, dont le nombre d'exploitations, autour de 37 000, a encore augmenté de 17 % en 2017, par rapport à 2016. Sans certitude qu'elles font aussi bien que le HVE 3 en termes de respect de la biodiversité. Alors, discutez avec vos producteurs, allez les voir. Bref, faites du circuit court…

3.

Court-circuitons !

À ce stade de mon enquête, je retourne voir Chloé Vialle, l'épicière bio (et danseuse) du chapitre précédent pour partager mes réflexions.

Un jour, ses prédécesseurs ont reçu une facture avec un *g* ajouté au bout de la raison sociale, L'Épicerie du Coin, qui était le nom du magasin. Cela les a fait rire, alors, quand ils ont refait l'enseigne, ils ont fait peindre Épicerie du Coing. Ce lieu a au moins une histoire à raconter, il est un peu plus qu'un simple magasin. Puisqu'il est petit, on y parle, car autrement ce serait gênant. Chloé me rassure un peu. Les fous furieux de la santé demeurent minoritaires. « Ça cause beaucoup chez nous. Les clients ne sont pas dupes de toutes ces grandes surfaces qui passent au bio et nous posent plein de questions sur l'origine de nos bananes, suite aux différentes émissions récentes sur le sujet, sur la manière dont on se rémunère, etc. Ils sont sensibles au fait qu'on fasse partie d'une coopérative et qu'on soit tout de même indépendantes dans le choix de nos produits. » Elles sont quatre femmes dans l'affaire.

Le client de l'épicerie, peut-être plus éclairé que la moyenne, ne fait confiance qu'à ce qui lui est tangible, le lien. Il veut savoir d'où ça vient, qui a profité, comment cela a été fait : il a besoin de cohérence, d'une vue d'ensemble. Une démarche de simplicité, de bon sens, conforme à l'esprit de la bio, qui redonne à l'alimentation toutes ses dimensions, sociales, psychologiques, éthiques et culturelles. Et évitera du coup d'être déçu lorsque les premiers vrais faux scandales alimentaires arriveront avec les produits transformés bios, inévitables à mesure que les volumes en jeu augmentent. La confiance, c'est comme l'amour, ça s'entretient, ça se renouvelle. Quand le client comprendra que l'on se fiche de lui avec certains produits, ira-t-il encore en magasin bio ?

Le regard du boucher, l'Amap et le marché

La psychologue Estelle Masson analyse : « La crise de la vache folle a montré que, lorsque les mécanismes habituels de la confiance, au sein d'une société, sont ébranlés, la forme qui résiste le mieux est celle qui relie directement un individu à un autre et comporte une dimension charnelle » ; elle oppose, ainsi, la confiance publique à la confiance interindividuelle. Comme si, pour faire confiance, il était devenu nécessaire de repasser par l'action réciproque et la connaissance personnelle. Le regard du boucher vaut alors tous les certificats.

Il y a aussi celui des membres des associations pour le maintien d'une agriculture paysanne (Amap), celui des producteurs et des transformateurs du coin que l'on favorise dans le tout récent « locavorisme » – mais attention aux effets de mode : « Vous, les journalistes, vous ne vous focalisez que sur les innovations militantes, alors que c'est un aspect, seulement, de la diversité des circuits courts ! » Yuna Chiffoleau, chargée de recherche en sociologie au sein du département scientifique Sciences pour l'action et le développement de l'Inra à Montpellier, la chercheuse française qui connaît le mieux le sujet depuis son arrivée à l'Inra en 2005, me remet dans le droit chemin. Je passe ma vie en dehors de la capitale, dans des provinces où je vois toutes sortes de magasins de producteurs et de marchés « de plein vent », de ventes à la ferme et de rayons « terroirs » dans les supérettes – je devrais le savoir : les circuits courts, c'est toute cette diversité-là.

C'est donc aussi le regard des maraîchers et des artisans du marché qu'il faut rechercher, celui de la vendeuse de l'épicerie bio de village... Des regards qui apaisent et rassurent, car ils lient celles et ceux qui les donnent et les reçoivent dans une obligation de résultat fondée sur l'évidence que si tu t'es fichu de moi, de toute façon je te retrouverai au même endroit la semaine prochaine. Proximité et réduction du nombre des intermédiaires entre producteurs et consommateurs, pour passer de la crédulité à la confiance par la connaissance interpersonnelle et l'incarnation du service rendu : voilà ce que nous sommes de plus en plus nombreux à souhaiter. Évidemment, ce n'est pas parce que c'est local que c'est bon et propre ; mais c'est une première marche pour retrouver confiance dans le système alimentaire.

Sacrés fermiers !

Ici, il arrive aux champs d'être blancs. Quand le soc va trop profond, la charrue remonte le calcaire comme s'il avait neigé. Le blanc réfléchit le soleil, le sol en est mêlé, on dit qu'en Champagne crayeuse la terre est froide : au printemps, elle se réchauffe très lentement, ce qui n'est pas toujours opportun pour les betteraves. Benoît Collard est installé depuis le début des années 1980 à Somme-Tourbe. Ne vous y trompez pas ! Il n'est ni près d'une tourbière ni au cœur de la Somme, mais dans un village bordé par la rivière Tourbe, qui s'écoule sur le flanc ouest de la côte d'Orgemont. La terre a été bien retournée et abondamment fertilisée par le fumier humain de la Grande Guerre. Entre Chemin des Dames et Verdun, le secteur a connu les obus. Quelques années plus tard, l'alors N31 qui le traverse conduisit les Alliés jusqu'à Metz, qui ont salué au passage le moulin de Valmy et son vainqueur, le général Kellermann, statufié dans l'attitude du meneur d'assaut.

J'interroge M. Collard par téléphone, car il participe aux rencontres que la Fondation pour la recherche sur la biodiversité a organisées en septembre 2018 sur le thème de la biodiversité et de l'alimentation. « Mon père était déjà en agriculture raisonnée », entendez une agriculture qui respecte la réglementation en matière d'utilisation de produits chimiques. « J'ai suivi, et je suis aujourd'hui qualifié HVE3 », comme quoi la vertu peut arriver, même dans les plaines immenses de Champagne où l'idée de nature, l'existence même de la biodiversité n'interrompt pas le regard. Dans cette portion de la Marne, elle a été particulièrement abîmée par le remembrement, qui a coupé ce qui restait d'arbres et drainé ce qui demeurait de ruisseaux. « C'est ça, le problème, ici, c'est pas les phytosanitaires qui gênent les apiculteurs, car ils n'ont pas plus de mortalité qu'ailleurs, c'est le manque de fleurs. » J'y ajoute le varroa, cet acarien parasite des abeilles, qui se porte bien dans la région, et, comme partout, le manque de formation des apiculteurs eux-mêmes, pour beaucoup amateurs à peine éclairés. M. Collard est bavard, et il a son parcours à raconter, alors qu'il est à l'âge de prendre sa retraite. C'est un original. « Ici, on m'a dit : "Mais tu vas quand même pas devenir écolo !", parce que je continuais l'agriculture raisonnée, et que je suis allé plus loin. » Pire, il a fait des petits. Dans le monde paysan, on regarde ce qui se passe de l'autre côté de la haie, surtout quand il n'y en a plus. M. Collard a donc fait école. Pour dire, avec des collègues, il a créé l'association Symbiose pour des paysages de biodiversité, qui place autour de sa table élus du département et de la région, agriculteurs, chasseurs, naturalistes et apiculteurs. « C'est grâce à cela qu'on a modifié la récolte de la luzerne, pour que les abeilles aient plus de temps pour butiner. Ça nous coûte, mais c'est mieux comme cela. » L'association promeut tous les canons de l'agroécologie et de l'agroforesterie, la haie, l'enherbement entre les rangs, la couverture permanente des sols, etc. Avec le Conservatoire botanique national du Bassin parisien, elle a participé au diagnostic nature de son territoire, la Champagne crayeuse, conduit par Jérémy Miroir. Salariée, une écologue fait le conseil auprès des agriculteurs afin qu'ils produisent mieux.

Vertueux ? Moral ? Comme souvent, les choses sont un peu arrivées comme cela, au fil de l'eau, en partant d'ailleurs. « À l'origine, il y avait chez moi une question de communication. » Cela revient souvent dans notre conversation, comme s'il avait fallu à un moment montrer patte blanche à la population. « Avec mon père, on a toujours été ouverts sur les écoles. Quand mes enfants étaient dans le primaire, ils ont eu des instituteurs sensibles à ces questions, alors beaucoup de classes sont venues visiter la ferme. » Sous le regard de l'autre, on fait attention à ce que l'on fait. « C'est ça, aussi, un système de production durable : montrer, informer, dans les deux sens, expliquer par exemple aux collègues qu'il faut enfouir le fumier au plus vite, ne plus l'épandre le vendredi soir pour le travailler le lundi matin, parce que, entre-temps, il aura empuanti le voisinage durant tout le week-end. » Penser la rotation des cultures de façon à couper l'herbe sous le pied des parasites, afin d'utiliser le moins possible de pesticides, ne suffit pas pour être durable. Conserver les sols, avoir des plantes en bonne santé, écouter les apiculteurs non plus. « Il s'agit en fait de répondre à la société, qui veut vivre plus vert. Pour moi, c'est de toute façon aller jusqu'au consommateur, qui fait partie de la boucle. » Remettre l'agriculture les pieds dans la craie, afin qu'elle regarde autre chose que les cours des céréales et le compte des aides de la PAC pour voir ce qui se passe autour d'elle : des citoyens qui vivent de ce qu'elle produit, et sont rassurés quand ils savent d'où ça vient, et qui l'a fait.

Alors la famille Collard a ouvert ses ailes. Celles de ses poulets, pintades, coqs, poulardes, chapons et dindes rouges des Ardennes, « qu'on a livrés à domicile. Mais le temps passé sur les routes, et le coût du transport, la fatigue… On s'est dit un jour que ce serait peut-être mieux que les gens viennent nous voir ». En septembre 2015, un magasin a été ouvert à la ferme. « On a été agréablement surpris, la clientèle a suivi. Au départ, comme pour la vente à domicile, on a touché des gens bien assis, bien installés, avec la culture de la cuisine. Puis des jeunes ont suivi. » La ferme fait partie du réseau Bienvenue à la ferme, qui identifie des gîtes ruraux où l'on peut aussi acheter un bocal de coq au Bouzy rouge (le pinard le plus septentrional de France, produit à Bouzy, village situé au sud d'ici, près de Châlons-en-Champagne), et un autre de dinde (rouge) aux châtaignes. « Et puis, on en est venus à une vingtaine à créer un magasin de producteurs. »

Facile à trouver : vous ne pouvez pas le louper, il est à une minute du Brico Dépôt en direction de Witry (-les-Reims), quand vous êtes à Cernay (-les-Reims). C'est-à-dire au nord-est de Reims, sur la D151. Dix-huit exploitants, dix-huit familles, trente-cinq fermes, de l'agneau, des fraises, des terrines, de l'huile, et même un maraîcher bio, produits dans un rayon de 100 kilomètres autour de la capitale des rois. « On est tous associés. C'est vraiment du producteur au consommateur, il y a juste une commission qui est prélevée sur chaque vente pour payer les frais de structure du magasin », qui s'appelle Sacrés Fermiers. « On a pu embaucher deux bouchers et une employée pour la caisse. Et chacun de nous doit donner un peu de son temps : chaque demi-journée, il y a trois producteurs dans les rayons, pour conseiller les clients, selon un planning établi à l'année. » Quand j'ai croisé M. Collard à Paris, il m'a dit que c'était cinq maintenant, mais il ne sait plus. Le magasin est né naturellement, sans étude de marché. Il marche bien. Une activité traiteur se met en place, pour dépanner les familles qui n'ont pas les moyens de payer un pro bien installé pour leurs fêtes. « Il nous faut cibler les jeunes, avec les moyens d'aujourd'hui, les réseaux sociaux. » Et les magasins de producteurs montés par les géants de la distribution ? « Oui, on regarde ça, mais ça ne nous inquiète pas. Les gens ne sont pas dupes. » Je l'espère pour vous, François.

Une question, pour finir. Vous faites tout bien, vous ne labourez plus, vous avez recoupé vos grandes parcelles il y a six ans, pour y étirer des bandes enherbées tous les 160 mètres afin d'avoir des fleurs, et des carabes (ils bouffent plein de parasites). Bon, vous pulvérisez encore un petit peu, mais vous n'êtes quand même pas loin du bio ! Vous êtes en fait dans la bio, sa philosophie. « J'ai eu une mauvaise expérience. Durant quatre ans, j'ai cultivé en bio du triticale, il était de toute beauté, mais la cinquième année, pas de chance, la rouille ! » Ce champignon est la plaie des céréaliers. « J'ai demandé une dérogation pour pulvériser des fongicides, car on ne peut rien faire contre, mais on m'a dit que si je faisais ça, ce serait fini, que je perdrais le label et qu'en plus, il me faudrait rembourser les aides. Alors j'ai laissé crever, et j'ai tout arrêté. »

D'abord, court-circuiter la misère

L'idée n'était même pas au départ de gagner des sous dans le projet astucier – Astuciers, c'est le nom des habitants de Somme-Tourbe. « C'est rarement le cas. En fait, les paysans qui se regroupent, qui vendent à la ferme, le font pour plein de raisons, notamment pour avoir un flux de trésorerie, ce qui n'est pas rien dans la crise actuelle, et pour dépendre un peu moins des subventions. En tout cas, pas dans l'espoir de gagner tous leurs sous avec ça ! » Yuna Chiffoleau profite de cet exemple pour me rappeler un des facteurs à l'origine du renouveau des circuits courts : la pauvreté. Jusque dans les années 1990, les marchés et réseaux de vente directe déclinaient, car c'était l'âge d'or des hypers et la fin de celui de la génération de paysans qui avait révolutionné l'agriculture après guerre en en finissant notamment avec la corvée de la vente sur le marché. « On vit à la fin du siècle passé des gens dans la précarité fuir les villes pour éviter la misère, et s'installer à la campagne pour vivre sur leurs potagers, et vendre leur surplus. » Ils voisinaient parfois avec des paysans dans la plus grande difficulté, qui eux aussi se mirent en partie au maraîchage pour tenter de respirer. « Les choses ne se passaient pas toujours bien, il pouvait y avoir une forme d'exclusion envers les nouveaux venus qui avaient peu de ressources et ne savaient rien à l'agriculture. » Ils travaillaient mal, les urbains pauvres ou militants, et vendaient en informel, cassant les prix. Ce mouvement connu depuis toujours, observé dès les années 1970 chez les citadins, une dizaine d'années plus tard chez les agriculteurs dévastés par la fin de la générosité de la PAC, perdure et s'amplifie dans certaines régions comme celle de Montpellier, qui attire les pauvres. Le potager de maison, dans l'ex-Languedoc-Roussillon, c'est le dernier ancrage de la dignité pour éviter le déshonneur des Restos du Cœur. « Et ça continue, ça touche même d'autres secteurs. Le circuit court, la vente directe, c'est pour les agriculteurs une solution pour passer un cap économique difficile. On voit aujourd'hui des viticulteurs, des éleveurs, se mettre à faire des légumes ou des poules sur le marché. » Vu la situation dramatique de l'agriculture française, qui, je vous la rappelle, gagne moins de 450 euros net par mois pour la moitié de ses effectifs, Un cap ? Que dis-je ? C'est une péninsule !

Ce que me dit Mme Chiffoleau ne me surprend pas. Partout où je vais, je constate une floraison d'initiatives écolo-compatibles, transport à la demande, mise à disposition de vélos électriques, monnaies locales, systèmes de troc, journées récupération de déchets, ateliers de réparation des frigos, etc., qui répondent en fait à l'obligation qu'ont les collectivités et les citoyens de se débrouiller par eux-mêmes à une époque où l'État n'est plus là, ni par l'argent, ni par ses relais locaux, ni par la constance et la cohérence de sa politique. On habille souvent d'écologie la réponse à la crise multiple que nous vivons.

Mais, ce faisant, on redécouvre le pilier de l'écologie, qui reste de vivre sur la bête, autant qu'on peut. « Pour ce que j'en connais, les agriculteurs qui font du circuit court font attention à ce qu'ils font, car ils imaginent les questions que les consommateurs, qu'ils voient, vont leur poser. Alors que souvent, ils ne leur en posent pas. Et puis, en circuit court, ils ne sont plus isolés comme avant : les agriculteurs discutent entre collègues pour partager leurs expériences. Enfin, la trésorerie régulière qu'apporte la vente ne permet pas de vivre, mais de prendre un peu plus de risques pour changer d'itinéraire. » Ils sont un sur cinq, devenus soucieux de leurs sols, de leurs haies, de leurs mares, de leurs bêtes, de leurs plantes : la vertu vient du calcul ou d'une nouvelle habitude qui change le regard. « Le résultat est que la majorité des agriculteurs en circuit court est en transition vers des itinéraires agroécologiques. » 10 % des exploitations concernées sont en bio, contre 2 % pour les autres, restées dans le système classique de distribution.

Je vous emmène maintenant dans l'Ain.

Faire avec et pour les autres

Je suis en compagnie de Boris Tavernier, que vous aurez l'honneur de rencontrer au chapitre 5. Boris Tavernier est décidément un homme frappant. Ne pas vouloir piloter un véhicule automobile à moteur à combustion interne, ne pas même envisager un seul instant d'en passer le permis, voilà qui est plus militant que de brasser de l'air comme un petit colibri. Et cela démontre que même en ville, même en province, tout chef d'entreprise devant se déplacer beaucoup qu'il est, a fortiori pour aller voir ses fournisseurs, on peut se passer de voiture. À tout le moins de sa possession. Boris

Tavernier ne choisit que des fournisseurs installés à moins de 150 kilomètres de Lyon. En ce qui me concerne, j'ai le permis, trois enfants, mais pas d'auto. Quand j'ai besoin, il y a tonton Paul et les agences de location.

Justement, après être passé par l'une d'entre elles, nous voici, Boris et moi, sur l'autoroute. Le nord est notre cap, l'Ain notre destination. Dans une sorte de mise en abîme, nous discourons sur l'usage plutôt que la propriété, la voiture qui, comme la téléréalité et Facebook, tire l'humanité vers le tréfonds, et l'impérieuse nécessité d'emmerder l'automobiliste partout où il fait du bruit. Il fait très chaud, nous arbitrons entre ouvrir la fenêtre, ce qui nous fera consommer plus d'essence, et allumer la clim, qui dégazera des molécules pleines d'effet de serre. Allons-y pour la clim, car il fait quand même très chaud en ce mois de juin 2018. Et en 2050 ?

L'autoroute nous abandonne sur une route. Après avoir longé d'assez loin les Dombes de peur de nous mouiller, nous restons en plaine, tournant un moment autour de Mâcon avant de nous insinuer dans la Bresse. Entre la Saône et Bourg (-en-Bresse), la voiture ne sait plus où aller, car tout est dispersé, les cultures, les bocages et les maisons. Nous traversons un gros village que certains comparent à Venise, empruntons un pont, longeons la voie ferrée, et voici un village encore plus petit, piqué d'un joli clocher, qui nous fait retraverser la rivière et la longer jusqu'à un bucolique cul-de-sac. Nous sommes arrivés à Saint-Jean-sur-Veyle, au moulin Marion.

Un jeune barbu au physique de VTTiste nous attend. Magasin d'usine à l'accueil, escalier, et la climatisation nous aspire dans une grande salle de réunion. « Boris cherchait de la farine bio, pas cher. Il m'a appelé, son idée m'intéressait, je lui ai proposé de la farine venant d'agriculteurs en conversion, moins chère », commence Julien-Boris Pelletier. C'est la T65, vendue 0,80 euro le kilo aux adhérents du groupement d'achat. Le moulin produit également des farines spéciales, de maïs, de châtaigne, de petit épeautre et de sarrasin, celle-là spéciale sans gluten, car elle n'en contient pas, « et elle nous coûte très cher, donc on la vend cher », 2,60 euros le kilo. C'est que le sarrasin est géométrique. Il rend moins à l'hectare, et son grain, pyramidal, coupant, complique la meunerie habituée à la rondeur du blé. En plus, il faut au préalable le décortiquer trois fois pour en diminuer l'amertume. Les exigences du bio réduisent encore le rendement. « La farine bio reste de toute façon plus difficile à faire, quelle qu'elle soit, et le blé bio est plus soumis que le conventionnel aux aléas du climat, ce qui le rend cher et fluctuant. » Cher, ça oui ! Constamment trois fois plus que le basique pulvérisé, on dépasse régulièrement les 500 euros la tonne quand les cours du conventionnel sont tombés à 150 euros. Ne cherchez pas plus loin la vague de transition au bio qui travaille en ce moment les céréaliculteurs français.

Mais ce n'est pas cela qui m'intéresse. Plutôt les raisons qui ont poussé un meunier à ne travailler qu'en bio, et à accepter sans discuter de ne rien gagner en vendant à Boris Tavernier. Comme souvent avec les gens qui ne font rien comme personne, qui sont là où on ne les attend pas, il y a une histoire. Il y a d'abord une attitude. Julien-Boris

Pelletier est directeur sans en avoir l'air. Il a fait de belles études mais ne le montre pas. « J'étais chez Eurocopter, aux États-Unis, je faisais des drones, des hélicoptères, et je suis revenu. » Bien que le mouvement soit dans les deux cas une rotation, passer du rotor à la meule, ce n'est pas tout à fait le même métier. Ni le même salaire. « C'est sûr, je n'y ai pas gagné, mais ce n'est pas pour cela que je l'ai fait : c'est pour continuer ce que les autres ont fait. »

M. Pelletier habite dans un grand appartement qu'il a installé au premier étage du moulin Gaillard. Depuis la terrasse, on regarde l'eau de la Veyle qui se dépêche d'aller rencontrer la Saône, en compagnie de laquelle elle diluera un peu le Rhône dans sa route vers la Méditerranée. La mère de Julien-Boris vit dans la maison d'à côté. « Avec mon frère Hugo, qui lui, a fait agro, je suis la cinquième génération à travailler sur ce moulin. » C'est à partir de là que la conversation prend bonne tournure, celle qui explique un homme, une démarche, une vision du monde. Un circuit court.

Comme des centaines d'autres en Bresse, ce moulin-ci a été bâti au XVIe siècle par les moines de Cluny sur une légère dérivation de la Veyle. La rivière coule en permanence, on pouvait donc moudre de la farine en été et aussi en hiver. Une certaine famille Marion en prend la location au cours du XVIIe siècle, les archives ne sont pas précises. Il y a les guerres, les famines, les maladies, la Révolution, les Marion ont su rentrer la tête car ils survivent, et voilà Célestin qui apparaît dans les documents municipaux de l'année 1897. Meunier locataire ! Et bientôt propriétaire quand il rentre, vivant, entier, d'une permission durant la Grande Guerre.

« Le propriétaire, un certain Paccoud, venait de mourir, et les élus locaux, inquiets pour la population, ont écrit au préfet pour trouver au plus vite un successeur », s'emballe M. Pelletier. Son esprit est ailleurs, il est à rebrousse-temps, quelque chose de grand le fascine. « La veuve du meunier a écrit une lettre à M. Marion pour l'informer, et voilà qu'il lui rachète son bien le 12 juillet 1917. » Chez les Marion, on n'a pas peur de l'avenir, même entre deux tranchées. Entre deux permissions, c'est Mme Marion et ses deux fils, Clément et Joseph, qui en faisant tourner les meules empêchent que les têtes ne fassent de même : grâce à sa farine, à Saint-Jean-sur-Veyle, la hideuse figure de la disette ne pouvait plus hurler dans le sommeil des gens.

Célestin rentre de la guerre, ce qui est déjà un miracle. Il moud, et récolte vingt ans après une autre guerre qui avait eu le temps de bien fermenter. Le moulin est grand, il est isolé, il y planque des familles juives. La figure de M. Pelletier change. Les yeux regardent quelque chose situé très loin. Sa voix ne nous parvient plus. Où est-il ? « On pense que c'est la boulangère de l'époque. En tout cas, quelqu'un dans le village avait écrit une lettre de dénonciation, mais le facteur a pu l'intercepter. Célestin a eu le temps de cacher ailleurs les familles, et personne n'a été fusillé. » M. Pelletier retient ses larmes. Non, en fait il les laisse couler. Sur ses mains, cela fait des petits pâtons. La farine, pour lui, ce n'est pas que du blé… « Après la guerre, c'est les enfants de Célestin qui ont repris le moulin. Clément s'est occupé des livraisons, Joseph fabriquait des machines en bois pour l'usine. » Le 24 octobre 1946, ce dernier a 42 ans, il marie sa fille

Suzanne à Georges Pelletier. Les années s'écoulent. « En 1962, Joseph demande à Georges de diriger avec lui le moulin, en compagnie de Jean, le fils de Clément, le frère de Joseph. Le gendre et le neveu ont continué comme cela jusqu'en 1983. » Les yeux de M. Pelletier sont revenus vers nous. Il s'excuse de l'émotion dont, il l'avoue, il ne sait jamais quoi faire. Il reprend le récit : « En 1984 le fils de Georges, Michel, reprend le moulin. Avec sa femme Maria. Mes parents. »

Nous y voilà. Le moulin va mal, les parents n'y connaissent pas grand-chose, ils embauchent un ingénieur agronome qui relance l'affaire en l'orientant... vers le bio. « Il en fallait, du courage, à cette époque ! Mais ça correspondait à ce que souhaitaient mes parents, qui, il y a près de quarante ans déjà, ne voulaient pas cautionner une agriculture chimique. Ce qui les avait marqués, c'était, vous savez, les croix noires et les têtes de mort sur les bidons de produits chimiques des agriculteurs avec qui ils travaillaient. Ils ne voulaient pas nourrir les gens avec ça. » L'offre étant encore rare, les agriculteurs bios ou en transition vivant sur un modèle économique fragile de polyculture-élevage, les Pelletier construisent des silos et une première unité de production d'aliments pour animaux dès 1985. « Ça n'a pas changé. On accompagne nos fournisseurs, on les aide pour la conversion, on récolte en direct, le blé arrive, et on fixe le prix à la fin ; et après, ça ne bouge plus. » Bons choix. En 1999, une nouvelle usine de nutrition animale est construite. Pas du meilleur goût architectural, à côté d'un aussi vieux moulin. Neuf ans plus tard, en 2008, l'ancêtre est soustrait à l'obligation de produire qui lui permet d'arrêter ses meules et de prendre une belle retraite de bâtiment historique. La production de farines se fait désormais dans un moulin tout neuf. On y pénètre avec une charlotte et des surchaussures. Moi qui ai vécu une enfance industrielle, je suis toujours surpris par le silence des ateliers d'aujourd'hui. Presque pas de bruit, presque pas de taches ; j'ai connu l'huile répandue, la limaille tenace et le claquement des leviers, je pensais devoir mettre un masque pour ne pas étouffer dans la poussière du blé, et nous avons parcouru une usine tranquille, sans y croiser grand monde. Où sont les ouvriers ? « Il nous faut deux ou trois personnes pour faire tourner, tout est automatique. » Il y en a justement deux qui ensachent, activité que je pensais robotisée.

Propre. C'est l'industrie de nos jours. A priori saine : le moulin Marion récupère toutes les poussières filtrées, il composte, trie ses déchets, se chauffe aux calories du sol et aux granulés de bois, s'éclaire à la turbine entraînée par la rivière, et ne vend pas l'électricité que ses panneaux photovoltaïques produisent. La pluie qui ruisselle sur les toits est récupérée.

Julien-Boris Pelletier est un homme porté par l'histoire, celle de sa famille, qui, sans trop d'embarras, court comme la Veyle, où il a un jour trouvé naturel, sans y penser plus que cela, de retourner se baigner. Il est né, aussi, d'un engagement, de convictions, d'une morale continue depuis plus d'un siècle qui mérite qu'on s'en souvienne et qu'on l'écrive. Le toucher de sa farine a la douceur d'une persistance. Il y a l'odeur rassurante de l'alliance : « Ici, vous savez, on a tous l'impression de servir à quelque chose : on essaie, tous ensemble, la famille, les employés, d'éviter d'aller trop loin. On le fait parce qu'on est en bio, aussi parce qu'on achète localement, qu'on emploie localement. » Être digne de son passé, en fait.

Se rapprocher à distance

Le circuit court est un acte social. Un aménagement du territoire. Un choix de société. « Une reconnexion. Cela permet de recréer des équilibres avec les circuits longs, tout en soutenant la vitalité des territoires, l'économie locale. » Yuna Chiffoleau appelle cela la « démocratie alimentaire » : « Les circuits courts sont une bonne entrée pour reposer la question démocratique au niveau local et analyser comment l'économique, le social et le politique se conjuguent pour produire la durabilité de systèmes alimentaires en mutation, en réponse aux nouveaux enjeux des villes en particulier. » Mme Chiffoleau parle d'espoir démocratique que les circuits courts font naître ou renaître. C'est vieux comme le monde : le commerce est une formalisation des échanges qui sont le sel de notre espèce grégaire. Mais il a perdu cette dimension sociale jusqu'à en devenir abstrait. Durant les quarante dernières années, cela s'est traduit par une distanciation croissante entre le consommateur et son alimentation, à cause de l'industrie agroalimentaire et des grandes surfaces, qui ont externalisé l'élaboration de la nourriture. Les repas sont fabriqués, et de plus en plus consommés, hors du ménage, de la maison, de la famille. Ils ne sont plus composés à partir d'éléments achetés au regard des voisins, des amis, des producteurs et des artisans. Cette distanciation, technologique, économique, est aussi, je vous l'ai dit, psychologique et culturelle, car elle repose sur une perception bouleversée de l'alimentation, réduite qu'elle est à sa seule composition nutritionnelle. C'est une dissociation de l'espace et du temps, en réalité. Dissociation entre les lieux de production, de transformation, de distribution, et de consommation. Dissociation entre ce qu'on imagine et la réalité. Dissociation entre un mode agricole conventionnel finalement assez peu diversifié, standardisé, assez homogène, et un monde industriel qui a su créer de la diversité, quoi qu'on en pense. Dissociation entre la valeur des choses, entre le prix payé au producteur, et le prix payé par le consommateur. En rapprochant les acteurs de la chaîne alimentaire, le circuit court permet de rouvrir la boîte noire, d'y faire la lumière et de trier. Et parfois, la ré-association se fait… à distance.

Me voici cette fois en compagnie d'Olivier Gaborit, le directeur du centre permanent d'initiatives pour l'environnement Loire-Anjou. Haut sur pattes, équipé de lunettes, ce garçon voit plus loin que moi depuis le siège défoncé de la Clio de service. C'est pourquoi il me désigne le gros château avant que j'en aperçoive le toit bleu ardoise qui l'habille en Breton. Nous traversons pourtant Somloire, petite commune située au sud-est du Maine-et-Loire. On vient de laisser la Vendée à Mauléon, et nous sommes encore dans les Mauges, région qui a laissé à l'héritage de l'humanité la mogette. Aimant le sol riche posé sur un sol acide, ce haricot-là rappelle que le soubassement est ici granitique, qu'en conséquence la Bretagne – mon image n'était pas si sotte – commence quelque part. Après quelques dédales bocagers en direction de La Plaine, nous quittons la D171 pour nous garer dans la zone artisanale des Douets-Jaunes. La rivière n'est pas loin, elle s'appelle l'Ouère. L'air est humide, je respire de bas nuages. Pour ajouter à ma confusion, Olivier Gaborit me dit qu'on est en fait toujours en Vendée. Dans cette Vendée dite « militaire », la plus orientale, entre Cholet et Pouzauges, zone frontière entre provinces qui fut la plus ravagée par les guerres de la Révolution. Il y règne une douce ambiance pour les entreprises et, à l'étonnement d'Olivier Gaborit et de son collègue Laurent Desnouhes du centre permanent d'initiatives pour l'environnement Sèvre-et-Bocage, un climat serein pour les écolos.

Partout, dans ce pays, on sent un attachement au territoire, au travail. Aussi, à un homme ou à une femme. On vient travailler avec lui, avec elle, parce qu'on le ou la connaît. On l'embauche parce qu'on l'a connu à l'école ou qu'il est du coin. C'est toute l'histoire, viscérale, de Samuel Gabory, le président de Fleurs des Mauges, entreprise installée aux Douets-Jaunes, au nord de Somloire.

En fait, il était dans la grosse voiture que nous suivions depuis un moment. Notre entretien démarre donc dès le parking de l'usine. « Mes parents avaient une ferme à 800 mètres d'ici. Vingt hectares, elle a été vendue, mes parents sont partis. » La mère de cet homme que je sens ferme en dépit d'une relative timidité, Jeanine, a dû chercher du travail, car les temps étaient durs et, lors d'une réunion de parents d'élèves, elle entendit parler de produits ménagers qui ne grattaient pas. Souffrant d'allergies, elle se renseigna et se trouva comme vendeuse à domicile pour la marque qui commercialisait ces flacons. « En 1985, fatiguée, elle a quitté l'entreprise. Elle rencontre plus tard un ingénieur, ils discutent, il lui propose des formulations antiallergiques. L'entreprise Fleur des Mauges est née comme cela. » Pantalon saumon, polo rose et gris, M. Gabory parle de sa mère autant avec ses yeux qu'avec ses mots. Je ressens un immense respect. Ce qu'il lui doit. L'entreprise se développe par la vente à domicile, elle grandit gentiment depuis le village où tout le monde est né. « Pendant tout ce temps-là, j'ai bossé dans le tourisme, à l'UCPA, entre autres, et à un moment, il a bien fallu que je rentre. » Il rencontre sa future femme à Cholet en 1995, année où il entre dans l'entreprise maternelle. Le bouche-à-oreille des clientes régulièrement visitées étend la réputation de l'entreprise et fait grossir ses ventes. Pas assez, cependant, pour certains fournisseurs, qui cessent leur approvisionnement, faute de volumes d'achat conséquents. « J'ai alors contacté l'ingénieur qui avait convaincu ma mère, et il m'a dit que les molécules qui allaient me manquer, ce n'était pas très compliqué de les fabriquer. » Il fonde dans la foulée un laboratoire dans la pépinière d'entreprises de Mortagne-sur-Sèvre, à deux pas d'ici.

En 2000, Jeanine Gabory prend sa retraite. Samuel rachète la maison, « par holding, pour ne pas avoir l'impression de voler ma mère ». Fleurs des Mauges se porte de mieux en mieux. Elle s'étend. « Dans les Mauges, on construit au fond du jardin, alors on s'est agrandis au même endroit. En tout, on a multiplié la surface par cinq, et tout en bois, isolé par du chanvre, avec des panneaux solaires. On a été parmi les premiers en France. » Je confirme. On construit dans le jardin, et on recrute dans la rue, parce qu'on connaît tout le monde, les copains d'école, de foot, de bals. Une proximité qui offre aujourd'hui du boulot à 160 personnes, dont 80 sur le site de Somloire, sans compter les 450 vendeuses à domicile. Et qui va de pair avec une cohérence, celle des origines de l'entreprise, des produits sans allergènes. Vraiment ? Des produits à base d'ingrédients naturels, non dérivés du pétrole, c'est la règle de la maison. « Vous imaginez, à l'époque, il y a trente ans, faire du naturel, du sans-conservateurs, sans additifs, du bio avant l'heure... » Tous les produits de la maison sont donc... non pas bios, car le label AB ne s'applique pas aux cosmétiques, mais « Cosmétique bio », une charte dont Samuel Gabory est à l'origine avec d'autres fabricants, regroupés dans l'association professionnelle Cosmebio. Celle-ci n'accepte de délivrer son précieux logo qu'à partir d'une liste d'ingrédients composée à 95 % de molécules naturelles ou d'origine naturelle, qui elles-mêmes proviennent à 95 % de végétaux qui doivent être bios. En fait, ce label ressemble beaucoup à celui délivré par l'organisme Ecocert, plus connu. Logique, son cahier des charges a été établi en sa compagnie. « Aucun ingrédient ne peut être OGM, il ne peut pas y avoir de molécules issues du pétrole, ni de conservateurs ou de parfums de synthèse. Surtout, les végétaux ne peuvent pas avoir été transformés chimiquement. » Moins strict que le label de l'ONG Natrue, qui fait référence, anecdotique en France, Cosmétique bio est contrôlé... par lui-même. Juges et parties, les adhérents disent ce qui peut en être, alors que les produits estampillés Natrue, ou Nature et Progrès, sont contrôlés par des indépendants. Il n'en reste pas moins que la liste des composants donne confiance, et rend parfaitement épouvantables celle des shampoings et gels douche classiques, dont on se dit qu'ils doivent couler depuis une raffinerie de pétrole.

D'où viennent les plantes utilisées ? « De producteurs qu'on connaît, et de la ferme où mes parents ont vécu, que j'ai rachetée. » La boucle est presque bouclée. « Et les plantes, on les macère et on les distille selon un brevet maison qui nous permet de tout extraire en même temps ; il ne sert à rien d'avoir une molécule concentrée, il faut la molécule avec toutes les autres, son cortège. » La cosmétique écologique selon M. Gabory, c'est une écologie des composants, considérant que la molécule qui l'intéresse ne pourra jamais démontrer ses talents sans les autres, a priori sans valeur industrielle, qui sont synthétisées par les mêmes tissus de la plante. Une pierre de plus à l'édifice en cours de construction dans le monde scientifique qui se propose d'en finir avec le réductionnisme : un gène ne code pas pour une fonction, car son expression dépend de celle des autres ou de leur répression. Il faut croire, selon M. Gabory, qu'une vertu végétale ne se résume pas à une seule molécule après un examen en chromatographie. « Cela, nos clientes l'entendent. Mais aujourd'hui, alors qu'on a été précurseurs, c'est plus difficile, car tout le monde parle de commerce équitable, de bio, de développement durable. Les clients veulent aller encore plus loin dans l'origine des produits. Avec notre philosophie, nous pouvons leur raconter l'histoire de ce qu'ils achètent. » Les conteuses sont les vendeuses à domicile, dont certaines étaient attachées à la société où Mme Gabory avait commencé l'aventure, et que son fils a rachetée.

« Notre gamme est proposée par ces femmes sous la marque PURE. En magasins spécialisés, dans les boutiques bios, vous pouvez en trouver sous la marque Coslys. J'ai refusé la grande distribution. » M. Gabory me raconte comment une des enseignes a été fidèle à sa déplorable réputation lors du rendez-vous préparatoire à un éventuel référencement. La brutalité qu'il a ressentie le travaille encore. Je n'ai pas le droit de vous dire laquelle. Devinez…

Maintenant, l'avenir le préoccupe. Il y a la fiscalité qui pénalise les entreprises de sa taille. Il y a surtout le regroupement des communes accéléré par la loi NOTRe. « Avec ça, on n'éparpillera plus, c'est vrai, c'est bien. Mais du coup, les usines à la campagne, ce sera peut-être fini, car les agglos, comme Cholet, dont Somloire est membre, ne voudront pas multiplier les investissements sur des zones d'activités nombreuses, plus coûteux et moins rationnels écologiquement parlant que quelques zones géantes près de la ville. » Une crainte d'autant moins infondée que le regroupement centralise la décision dans une assemblée où les élus urbains ont plus de poids que les ruraux, eu égard au nombre d'administrés dont ils sont les représentants. Cette instance nouvelle risque de s'éloigner de la campagne parce qu'elle ne la verra plus, focalisée sur le pré carré de la ville. Y a-t-il de quoi faire disparaître l'originalité industrielle et artisanale de la Vendée militaire ? Avec cette réforme écologiquement correcte, économiquement rationnelle, les circuits courts, qui sont des circuits de connaissance intime, vont-ils survivre ?

Car on est bien sur du circuit court. Entre l'usine et ses clientes ? C'est plus profond que cela : la marque a su rendre tangibles des produits qui ne le sont pas ; en les rattachant à une histoire, celle de la famille, de là où elle est née, elle les a rendus simples et compréhensibles.

Le marché, l'agora nouvelle ?

Avec Fleurs des Mauges, on sait d'où ça vient. Et si l'on n'est pas content, on sait à qui se plaindre : pas à un numéro en 0800, mais à la vendeuse qui repassera à la maison, ou à la boutique bio dont on engueulera le vendeur (ne soyons pas sexistes, pourquoi un homme ne pourrait-il pas vendre du shampoing ?). Ce lien étroit caractérise les circuits courts, et surtout les marchés. Yuna Chiffoleau les a beaucoup étudiés, notamment celui de Grabels, commune de 7 000 habitants située en banlieue de Montpellier. « À la différence d'une Amap ou d'un système de vente par Internet, sur le marché de plein vent, dans une ville de taille moyenne en particulier, les clients côtoient d'autres clients qui sont aussi des voisins, m'explique Yuna Chiffoleau. Le marché est donc bien davantage qu'un jeu répété entre offreurs et clients, il s'inscrit dans un système d'interactions et de relations qui dépasse son cadre et construit à la fois des ressources et des contraintes pour l'action. » Dans un marché, on marche, on baguenaude, on repère, on voit, on observe les autres clients, on écoute les échanges entre les habitués, on les copie, on apprend : s'il y a un endroit où les bonnes pratiques peuvent devenir normales, c'est bien ici. Le marché, quel qu'il soit, est l'endroit où la diversité des échanges, entre les consommateurs et les producteurs, entre les consommateurs eux-mêmes, renforce l'incorporation des messages et l'apprentissage de l'alimentation et de la consommation raisonnable. Pourquoi ? Parce que adopter le « cinq fruits et légumes par jour » entendu à la télé est un mot d'ordre technique, alors qu'entendre sur le marché les gens dire comment ils font pour manger du frais avec leur budget limité, et les voir faire leur choix, rend le slogan acceptable et, somme toute, désirable. Parce qu'à force d'y venir, on finit par repérer que les étals varient en fonction des saisons : la saisonnalité n'est dès lors plus un mot d'écolo, mais la réalité de la nature, que l'on ne peut pas voir en supermarché. On associe assez vite ce mot compliqué au goût, ainsi qu'à la maturité des produits, cueillis peu avant leur mise en vente. Et on relie tout cela au producteur ou au vendeur, à qui on fait confiance, à qui l'on réclame en retour de la qualité. Don, contre-don, le cœur de l'échange.

« C'est une vraie différence avec les circuits militants, me fait remarquer, un peu énervée, Mme Chiffoleau. La transmission des pratiques durables ne s'exerce pas tant depuis les consommateurs les plus engagés que par ceux pour lesquels la fréquentation du marché a provoqué le plus de changements », les nouveaux arrivants dans les marchés, qui ne sont pas ceux et celles auxquels on pense. « Les circuits courts, en particulier les marchés, ce n'est pas bobo ! Les CSP + en fréquentent d'autres, comme les magasins bios, les épiceries spécialisées, etc. Mais ils fréquentent aussi les autres circuits, dont les marchés, où l'on remarque juste une légère surreprésentation des retraités et des cadres. La majorité des consommateurs, c'est la population générale, qui dit ne pas aller au théâtre quand elle va au marché, mais faire des achats malins, et pragmatiques, des achats de produits plus frais, pour soutenir l'économie locale. » Ce sont les jeunes et, on recommence à les voir, les ouvriers qui gonflent les effectifs des visiteurs des marchés, ce sont eux qui apprennent et, aussi, demandent autre chose aux commerçants. « Ils découvrent que les paniers sur le marché sont bien moins chers que les paniers Internet, dès lors qu'ils ont appris à respecter la saisonnalité. » *In fine*, ses observations sur le marché de Grabels lui inspirent cette réflexion : « S'il ne constitue pas en tant que tel une association, le marché devient, dans le contexte d'une société d'individus, un lieu d'engagement qui permet de concilier individualisation et participation sociale, mais aussi plaisir et éthique. »

Manger, c'est voter, aller au marché, dans un magasin de producteurs, c'est un acte social qui dit des choses fortes. C'est la raison pour laquelle M. Collard n'a pas peur du développement des vrais faux magasins de producteurs ouverts par la grande distribution. Mme Chiffoleau est d'accord : « Les consommateurs ne sont pas dupes, ils savent faire la différence entre du vrai local et du territorial. D'ailleurs, ils vont dans les deux. » Marché et magasin de producteurs, et, pour le reste des courses, hypermarché : on n'achète pas la même chose ou on pousse son caddie discrètement en sortie d'hiver, parce qu'on n'en peut plus des choux et qu'une tomate venue du bout du monde, ça fera venir le soleil. Nous arbitrons, nous allons de l'un à l'autre, comme le font les agriculteurs qui composent entre circuits courts et circuits longs. « Ainsi, même si la plupart des consommateurs qu'on a interrogés continuent de faire l'essentiel de leurs courses en supermarché, 42 % d'entre eux indiquaient avoir acheté au moins un produit en circuit court lors du mois précédant l'enquête, pour un budget moyen de 25 euros par semaine. Quand on y pense, c'est énorme ! Alors, bien sûr, nous parlons ici de l'ensemble des modes de distribution en circuit court, et notamment de la vente directe à la ferme et sur les marchés, que fréquentent deux tiers des consommateurs. De même, 36 % d'entre eux s'approvisionnent chez les petits commerçants. À l'opposé, même s'ils progressent, les achats en Amap ou sur Internet restent encore marginaux. » Ce sont pourtant ceux-là que nous, journalistes, ne cessons de mettre en avant… tout en auréolant de sainteté les acteurs des circuits courts, alors que, comme partout, il y a des crapules. Yuna Chiffoleau en a vu ! « En se tournant vers les circuits courts, dans lesquels le producteur est identifiable, les consommateurs pensent acheter des produits, sinon moins chers que la plupart de ceux proposés par la grande distribution, du moins de meilleure qualité. Avec parfois des idées reçues. L'enquête que nous avons menée démontre ainsi que 50 % des consommateurs interrogés associent circuit court et production biologique. Et ils sont plus nombreux encore à être convaincus que tous les paysans impliqués dans cette démarche pratiquent une agriculture durable et respectueuse de l'environnement. Cette méconnaissance peut mener à des déconvenues de la part des consommateurs, amenés à payer parfois plus cher des produits issus de l'agriculture conventionnelle, et écoulés en circuit court par des producteurs peu scrupuleux ou par des commerçants se faisant parfois passer pour des producteurs. D'où l'intérêt de les aider à s'y retrouver. »

Étiquettes de proximité

Voilà pourquoi, à partir de 2010, l'Inra a expérimenté sur le marché de Grabels un système d'étiquetage en couleur permettant à l'acheteur d'identifier d'un coup d'œil l'origine des produits : vert, ça vient du producteur lui-même, en direct ; orange, ça vient du coin, mais c'est vendu par un exposant en lien direct avec le producteur ; violet, c'est pour le reste, pas local, mais demandé par les consommateurs (la tomate de fin d'hiver...). En plus, pour les produits étiquetés vert et orange, il y a la garantie qu'ils respectent des critères d'agriculture durable, définis et contrôlés localement. Cette initiative a vocation à être utilisée par n'importe quel marché de France et de Navarre ; elle peut aussi s'appliquer aux produits transformés. Déposé en 2014 comme une marque, Ici.C.Local est soutenu par l'Inra, l'État et la FAO, la branche agricole de l'ONU. Localement, l'étiquette est attribuée par des consommateurs, producteurs et partenaires réunis en « comités territoriaux » au sein desquels chacun peut exprimer ses attentes vis-à-vis de son alimentation.

Ici.C.Local est utilisé sur une vingtaine de marchés de l'Hérault en plus de Grabels, à Saint-Affrique dans l'Aveyron et à Garéoult dans le Var ; l'expérimentation a été lancée au cours de l'automne 2018 en Ardèche, dans le Lot, dans l'agglomération de Clermont-Ferrand, à Limoges, en tout dans onze territoires. « Ça bloque encore un peu, parce que les communes focalisent leur politique alimentaire sur les cantines scolaires. Mais ça avance. Il faut voir que cette innovation sociale, issue d'une démarche participative impliquant l'ensemble des acteurs du territoire, permet finalement non seulement de signaler les marges liées à l'achat-revente mais aussi de les justifier et de les faire accepter comme justes par les consommateurs dans le cas de la couleur orange, qui témoigne de l'entraide entre producteurs ou d'un partenariat entre producteur et revendeur ou artisan », explique Yuna Chiffoleau. Voilà une pratique de bon augure pour donner au client une idée de la répartition de la valeur ajoutée. Mon argent va-t-il au producteur ? « L'enjeu s'élargit même dans la mesure où l'étiquette en violet suscite de nouvelles interrogations chez les consommateurs quant à ce qui est vraiment indispensable. Certains se tournent vers les produits en vert ou orange, ce qui renforce l'inscription de l'innovation territoriale dans le projet d'une alimentation durable. »

Ce bel exercice de démocratie locale, sorte d'université populaire de la consommation en plein vent, ne doit toutefois pas faire croire que l'individu consommateur peut seul faire changer les choses. Mme Chiffoleau met en garde : « Le fait que beaucoup de consommateurs sont prêts à payer plus cher les produits issus de la production locale, comme pour les produits biologiques ou issus du commerce équitable, est d'une certaine manière une forme d'évaluation, par les consommateurs, de ces externalités [incidences] positives. Mais compter sur la seule bonne volonté des consommateurs relèverait d'une logique purement marchande : le prix supplémentaire illustrerait les principes de la demande tels qu'ils sont formulés par la théorie standard, le sur-prix étant alors un consentement à payer pour accéder à une alimentation durable respectant un ensemble de critères définis par les acteurs eux-mêmes. Une telle logique exclut nécessairement une part importante de la population », celle qui n'a pas les moyens, « sur-responsabilise les consommateurs et dédouane l'État au regard du projet d'alimentation durable ». Après tout, si des gens en nombre suffisant achètent ce qui est bon, pourquoi faudrait-il légiférer, réglementer, engueuler agriculteurs, industriels et distributeurs ? Le marché, toujours, saura mettre des claques de sa main invisible. Il se séparera en une offre de qualité pour les gens qui ont les sous, et de tout-venant pour la plèbe. « Surtout, cette approche est fermée sur une évaluation à court terme :

les effets de seuil liés aux rendements d'échelle doivent être pris en compte pour évaluer quel serait, à terme, le surcoût des circuits courts par rapport aux circuits traditionnels. Ce surcoût, surtout, devrait être comparé à la fois à celui des subventions dont bénéficie l'agriculture insérée dans les logiques conventionnelles et aux externalités positives que les territoires et les villes pourraient retirer de ces nouveaux facteurs de développement intégré que sont les circuits courts. Il convient alors de poser publiquement le débat sur ce qui doit être mesuré et sur la façon de le mesurer. »

Autrement dit, le développement des circuits courts pose la question du modèle agroalimentaire dans son ensemble, dont les réponses ne peuvent être trouvées qu'en réfléchissant loin dans le temps et large dans l'espace, en convoquant toutes les disciplines, toutes les personnes concernées, tous les services administratifs et syndicaux. J'ajoute que dans le calcul global, il faut intégrer le coût des externalités écologiques et sanitaires négatives (pollution, érosion des sols, maladies liées aux pesticides et à la malbouffe, etc.) provoquées par l'agriculture conventionnelle, et la valeur des externalités positives liées à toutes les formes de l'agroécologie (maintien de l'eau dans les sols, absorption du carbone, épuration naturelle, entretien des paysages, éducation au goût, etc.). Il vaut mieux écarter le carbone, indicateur stupide à qui l'on fait tout dire, et souvent, des âneries. Parce que la livraison en circuit court se fait en petit camion, son bilan carbone est catastrophique par rapport à une livraison en bateaux puis semi-remorques, dont les rendements énergétiques sont formidables. Mais dans les deux cas, le carbone n'a pas la même valeur sociale…

Les conséquences sociales d'acheter local

Pour faire court, voici deux exemples qui montrent que ces circuits peuvent représenter la façon la plus juste de faire ses courses, aussi parce qu'ils ont un impact social positif.

La nécessité de revenir au circuit court s'illustre admirablement avec le miel, totalement dénaturé par sa mondialisation. Je vous emmène au colloque annuel sur les abeilles organisé par le parfumeur Guerlain, qui a bien besoin des insectes et des fleurs pour ses produits. J'y rencontre Lionel Garnery, chercheur au CNRS à Gif-sur-Yvette, maître de conférences à l'université Versailles-Saint-Quentin-en-Yvelines et spécialiste de la génétique de l'abeille noire, la race « pure » de l'abeille domestique. Il m'apprend que les apiculteurs donnent du sucre à leurs abeilles ! Saccharose au printemps, glucose à l'automne, c'est plus simple que de s'embêter à les faire butiner, surtout quand il n'y a pas assez de fleurs, parce qu'il n'y en a plus. Selon le chercheur, qui a refroidi l'atmosphère, dans beaucoup de ruches, des abeilles ne font plus que transformer du sucre en miel, sans passer par les fleurs. En fait, c'est pire, car ces abeilles-là, si je continue de forcer le trait, transforment le sucre… en sucre. « Pour augmenter leurs marges, de gros acheteurs internationaux demandent aux producteurs chinois et asiatiques de diluer leurs miels avec du sucre », dénonce sans prendre de gants Étienne Bruneau, responsable de la commission qualité d'Apimondia (la fédération internationale des syndicats d'apiculteurs). Autre coup de froid sur l'assistance. Dénommé adultération, ce processus altère les qualités du miel par dilution dans un mélange savant de sucres, cher à l'achat, complexe à mettre en œuvre, mais très rentable. « Ce n'est pas tant les Chinois qui sont à blâmer : ce sont les traders et les acheteurs finaux qui sont responsables. Les Chinois disent qu'ils ne fraudent pas, car ils ne font que vendre les produits qu'on leur achète. » Qui sont-ils, ces acheteurs ? Mystère. M. Bruneau n'a pas la langue dans sa poche, mais il semble vouloir éviter que des acteurs de la grande distribution ne lui fassent des histoires. « Le marché est aussi opaque que tous les marchés de minerais. » D'autant plus que la fraude est quasi indiscernable : bien réalisée, une adultération ne se voit pas, car les sucres ajoutés se mêlent indistinctement à ceux du miel. Comme la viande de cheval à la viande de bœuf ! « Il y a bien des tests efficaces, mais ils sont longs et chers. Entre 150 et 400 euros l'unité, il en faut trois pour qu'ils soient valides, et la machine vaut dans les 300 000 euros. En plus, il n'existe en Europe que trois laboratoires compétents », déplore M. Bruneau. Quand bien même la douane et la répression des fraudes disposeraient du budget nécessaire, les résultats des tests demeureraient contestables en justice.

Un tiers des miels importés en France seraient de ces vrais faux miels. Un tiers des 200 000 apiculteurs européens seraient affectés par la concurrence déloyale que ces produits à bas prix introduisent dans les rayons. « Il y aurait bien une solution, en réalité : modifier la définition réglementaire du miel, fondée sur sa composition moléculaire en sucres. Si on la basait sur le contenu enzymatique et microbiologique, car le miel est un produit vivant, les miels adultérés ou provenant d'abeilles trop nourries au sucre se verraient tout de suite. » Et, selon M. Bruneau, huit pots sur dix ne pourraient plus s'appeler miel. En attendant cette très hypothétique révolution, c'est au consommateur d'être lucide. « Vous savez, un miel à moins de 4,50 euros le kilo, on peut avoir un doute », explique Franck Aletru, président du syndicat national de l'apiculture. Pas de doute, le circuit court, en l'occurrence le miel du producteur de pays, dont les abeilles ont butiné dans le territoire, est sinon une garantie, du moins une assurance face à la majorité des miels parfois hors de prix sur les marchés, mais qui, regardez bien l'étiquette, sont issus « de la Communauté européenne » ou d'ailleurs. Acheter local, vraiment local, c'est l'assurance d'avoir aidé un apiculteur professionnel à vivre, c'est lui donner du poids dans ses discussions avec les agriculteurs, quand il leur demande de ne pas pulvériser durant le butinage et de ne pas dessoucher les haies, c'est ne plus donner ses sous à des escrocs qui achètent bas pour vendre pas si bon marché que cela.

Ça va très loin, le circuit court, en vérité. Jusqu'à la préservation des paysages et de l'environnement, comme dans le Gers. Lors d'un colloque national sur l'agroforesterie, qui s'est tenu en 2017 en compagnie du ministre d'alors, Stéphane Le Foll, Mehdi Bounab était venu pour causer du bois. « En Ariège, on a créé une filière spécifique à très forte valeur ajoutée pour inciter les éleveurs à maintenir leurs haies », m'avait expliqué ce conseiller de la chambre d'agriculture départementale. Après un diagnostic qui a duré près de huit mois, il s'est avéré que les paysans montraient un intérêt à maintenir leurs haies tant que leur coupe permettait de pailler les stabulations avec le bois fragmenté ou de servir de fourrage aux bêtes, en particulier avec le mûrier blanc et l'acacia, et de vendre des fruits comme la châtaigne. L'écologie doit trouver les ressources pour exister. « À partir de là, on a créé une filière de vente, dans les supermarchés et les jardineries, de filets de bûches, de charbon de bois et d'allume-feu à partir des essences locales : frêne, hêtre et chêne pour les bûches, acacia et châtaignier pour le barbecue, peuplier, aulne et bouleau pour les allume-feu. » Gérée par l'association Bois paysan, la filière est promue par les agriculteurs sous le logo « bois paysan », auquel adhèrent les clients des grandes surfaces. Le bénéfice n'est pas que financier, pour les éleveurs : outre la diversification des revenus, la haie leur apporte une relative autonomie fourragère et alimentaire, et améliore le bien-être de leurs animaux. En faisant le barbecue du week-end avec ce bois-là, le client du supermarché protège mine de rien ses paysages : les haies servent de coupe-vent, d'épurateurs naturels de l'eau, de barrages anti-érosion et d'abri pour les bêtes. De belles externalités positives, comme disent les économistes. Acheter, c'est aider.

À la cantine et au-delà

Un des leviers les plus efficaces pour créer des circuits courts, c'est la cantine. La cantine a toujours été recommandée par les médecins, car on y mange équilibré et diversifié.

Le problème, c'est que, trop souvent, là encore, les produits industriels, ultra-transformés et truffés d'additifs l'emportent sur les ingrédients simples, qui nécessitent d'être cuisinés. En pratique, beaucoup trop de cantines scolaires sont des mangeoires dont nos enfants reviennent le ventre à moitié vide. Pourquoi ? Parce que ce n'est pas bon, disent-ils… Ventre ne ment jamais. L'obsession des règles d'hygiène et la priorité accordée aux coûts ont poussé les collectivités à déléguer le contenu de nos repas à des centrales où l'on ne cuisine plus. On y mélange bouts de viande surgelés, carottes congelées, poudres en tout genre dont on remplit des barquettes qui, une fois sur place, seront réchauffées par des messieurs qui ne savent plus casser un œuf. Les enfants ne mangeront que la moitié de leur assiette, le reste partira à la poubelle. Peut-être auront-ils au moins avalé leur yaourt bio gavé de sucre et d'additifs ou leur pomme importée du Chili…

Heureusement, face à cette horreur alimentaire, née du cynisme ou de la lâcheté d'élus pour qui seuls comptent les coûts et la crainte d'une infection, de plus en plus de villes, comme Douai, Avignon, Mouans-Sartoux, Lons-le-Saunier… servent chaque jour aux enfants des plats préparés par de vrais cuisiniers à partir de produits bruts, pour un prix de revient moins élevé que celui que facturent les entreprises de l'alimentation de masse et de l'agroalimentaire. En prime, c'est souvent local, et même bio ! Que ce retour à une cuisine digne de ce nom, fondée sur des ingrédients de qualité, et tournant résolument le dos à l'ultra-transformation, profite aux enfants est une priorité : bien entendu, la révolution alimentaire doit passer par eux. Il y a d'autres bénéfices : en raison des volumes d'achat, créer une cantine locale, bio ou labellisée, constitue une aide décisive pour les agriculteurs qui veulent changer de pratiques. Et un circuit court bien construit fait revivre des espaces moribonds.

Dans le pays de Figeac, les choses sont allées très loin. Figeac, c'est l'autre capitale du Lot, avec Cahors. Posée sur le Célé, la ville médiévale est belle, on y mange fort bien. Elle termine au sud la bande fertile, argileuse, du Limargue, qui fait le bonheur des cultivateurs jusqu'à Saint-Céré. À droite, à l'est, les premiers contreforts du Massif central forment la région pauvre du Ségala ; à l'ouest, c'est la sécheresse splendide des causses. Dessous, l'eau descend en rivières souterraines, creuse des gouffres et crée des légendes. Dessus, des moutons, des cailloux, et des vaches à lait et à viande n'évoquent pas la richesse. Les trajets sont longs, car le train ne passe pas souvent et les routes ont des virages, l'hiver invite à la paix intérieure alors que l'été populeux oblige à ficher le camp. Le Lot, c'est un des plus beaux pays du monde, mais il faut vouloir y vivre.

Il y a une dizaine d'années, les 650 agriculteurs du pays de Figeac se sont interrogés sur leur avenir. Les perspectives n'étaient pas fameuses, entre la crise de l'élevage, les scandales alimentaires et les fermiers qui prenaient leur retraite, sans perspective de reprise par les plus jeunes. Déclinante, la population agricole allait encore être minorée par la population croissante de cadres attirés par les grosses entreprises de l'aéronautique que sont Ratier Figeac, Figeac Aéro et FEM Aéro. Qui allait défendre les intérêts des agriculteurs ? Fédérés par la coopérative Fermes de Figeac, ils ont estimé que c'était le territoire lui-même. Mais pour cela, il leur fallait s'y insérer.

Car ils n'y étaient pas ! Dans les boucheries, la viande venait d'ailleurs. Comme le reste, à quelques exceptions près. L'agriculture locale n'était représentée nulle part. Alors en 2009 la coopérative a eu l'idée d'ouvrir un rayon boucherie locale dans un Gamm Vert. La coopérative nationale InVivo possède 10 % des magasins de Gamm Vert. La « viande des éleveurs du pays de Figeac » a rencontré sa clientèle, entre un sac de terreau et une bineuse. Depuis, cinq autres boucheries ont été ouvertes et onze bouchers ont été embauchés. Dans les six Gamm Vert du territoire, la viande cohabite désormais avec du fromage, des légumes, des fruits et de l'épicerie. Tout, sauf le vin, est local et estampillé comme tel.

Aujourd'hui, les produits locaux comptent pour 10 % environ des produits alimentaires vendus sur le territoire du pays de Figeac. Il y a dix ans, on n'était pas loin de zéro. Plus visibles, les agriculteurs concernés sont allés voir les acteurs économiques et les élus : « Si vous n'achetez pas chez nous, vous aurez des ronces ; si vous avez des ronces, vous n'aurez pas de cadres. » Simpliste, l'image est forte : sans éleveurs, pas de prairies, plus de causses ; sans prairies ni causses, des broussailles, des ronces plein les talus, et un Lot qui ressemble à n'importe quel autre département en déprise agricole.

En 2015, la coopérative a cofondé le pôle territorial de coopération économique Figeacteurs. Cette association « rassemble entrepreneurs de l'économie classique et de l'économie sociale et solidaire, représentants des collectivités locales, de l'enseignement supérieur [il y a un IUT à Figeac, avec 850 élèves] et des particuliers, qui coopèrent, dialoguent, imaginent, pour faire émerger des projets économiques de développement local durable ». Notamment un projet de cuisine-légumerie-conserverie à Cambes, qui vise l'installation de maraîchers afin d'alimenter cantines et restaurants par des produits locaux, tout en favorisant l'emploi des personnes en grande difficulté. Une idée à 2 millions d'euros, qui devrait se concrétiser début 2020.

L'agglomération concurrente de Cahors a été plus rapide. En novembre 2016, elle a inauguré sa propre légumerie, à Pradines. Pour 134 000 euros HT, 8 500 tonnes de légumes arrivent chaque mois dans un bâtiment, pour être quelques heures après la récolte épluchés, coupés et taillés en fonction des demandes des restaurants des écoles, des collèges, des lycées, des maisons de retraite et de l'hôpital. Les producteurs sont certains d'écouler leurs légumes, cela leur met du beurre dans les épinards, tandis que l'agglo du grand Cahors est rassurée, car elle connaît ses fournisseurs, les produits sont frais et tracés. À Figeac, la coopérative se félicite d'avoir mis en place une coopérative de location de toits photovoltaïques, Ségala agriculture et énergie solaire, et le premier parc éolien coopératif du département du Lot, à La Luzette. De son pôle territorial de coopération économique est aussi né un « laboratoire de la mobilité » qui regroupe six entreprises pour trouver des alternatives aux déplacements domicile-travail en voiture thermique. Covoiturage, transport à la demande, voitures électriques, télétravail, décalage des horaires… tout cela se met en place. Au départ, il n'était question que de soutenir les éleveurs bovins du coin…

Les circuits courts, on le voit, sont des projets d'individus qui, approuvés par les achats d'autres individus, créent entre eux un lien suffisant, donnant-donnant, mutuellement valorisant, pour qu'ils perdurent, s'ancrent dans des territoires qu'ils remettent en mouvement. Au départ, c'est économique, et cela devient politique. Que les élus les impulsent ou les suivent, il faut qu'ils soient là pour leur donner une réelle portée, en faire un outil d'aménagement du territoire. C'est ce qui enthousiasme Yuna Chiffoleau, qui voit dans les circuits courts le levier pour renouveler, restructurer les territoires par le rééquilibrage des circuits alimentaires et, en définitive, faire de la biodiversité, sans en avoir l'air, des sols, de l'eau, des paysages, en soutenant l'agriculture locale. Il manque toujours certaines dimensions importantes, comme l'implantation d'abattoirs locaux ou itinérants, afin d'aider mieux encore les éleveurs et, *in fine*, d'améliorer le sort du bétail avant sa mise à mort. Il faut dire que la législation est difficile à changer. Stéphane Le Foll avait évoqué la question. Elle revient de temps en temps. On en reparle depuis que L214 filme ce que personne ne veut voir. Tous les éleveurs sont d'accord : il n'y a rien de pire qu'un abattoir trop grand, trop loin. Pour les bêtes, le circuit court devrait désigner le temps au-delà duquel l'animal souffre de l'angoisse de la mort…

4.

Au supermarché quand même…

Une révolution alimentaire est en marche. Les mangeurs que nous sommes avons été informés de toutes sortes d'aberrations et nous sommes de plus en plus nombreux à vouloir faire nos courses avec plus de discernement. Bien entendu, l'industrie agroalimentaire et la grande distribution nous ont aussitôt emboîté le pas. Carrefour garantit désormais l'origine française, souvent même locale, d'une part grandissante de ses produits bios, notamment les fruits et les légumes frais, la viande, les œufs et le lait. Fin octobre 2018, Michel-Édouard Leclerc a inauguré à Saintes son premier magasin entièrement bio ; 5 000 références de produits, dont une majorité d'origine française – et un bon nombre provenant de Charente et de Charente-Maritime. Dans le Gers, un réseau de transformateurs de fruits et légumes bios s'était retrouvé avec un stock de plats préparés et de carottes râpées sur les bras : une commande annulée des cantines scolaires. Qui s'est proposé pour tout reprendre ? Les Super U et les Carrefour du territoire, qui en ont redemandé, et ont fait référencer ces nouveaux plats bios par leurs centrales d'achat régionales.

La boîte noire qu'est l'alimentation a ainsi commencé à s'éclairer : citoyens et consommateurs ont remis le fusible. Mais ce sont toujours les plus gros, industriels et distributeurs, qui ont le doigt sur l'interrupteur. Un peu d'éthique semble entrer dans leur vision de l'alimentation, les rapports de force sont peut-être en train de bouger, mais la logique financière reste celle du calcul de risques et de l'intérêt à court terme. La prudence est donc toujours de mise. Nous sommes encore loin de pouvoir accorder de nouveau notre confiance. D'autant que les raisons de ne plus fréquenter les hypermarchés ne sont pas qu'alimentaires, comme on va le voir en faisant un tour à Caudry, la ville où je suis né, dans le Nord. Attention, ce n'est pas gai !

Faire table rase

Il y a longtemps, en 1986, un supermarché Leclerc avait été construit dans cette ex-capitale de la dentelle. Pas assez grand aux yeux de l'enseigne, qui demanda l'autorisation de s'agrandir. Le préfet estimant cela inutile, la ville fut épargnée plusieurs années avant que l'hypermarché Leclerc surgisse de terre, en plus d'un Intermarché et d'un Champion (devenu Dia puis Carrefour Contact, il a fermé en juin 2018, faute de clients). Pour une ville de 15 000 habitants, affligée de pauvreté et d'abandon, trois grandes surfaces, c'était bien le minimum vital. Le supermarché Leclerc, qui regardait de haut le lycée, fut fermé, et l'hypermarché bâti dans la direction opposée, en dessous du collège. Et hop, une belle friche commerciale, aux frais du contribuable ! Et hop, plusieurs hectares d'une des plus riches terres d'Europe perdus pour l'agriculture !… L'hyper trône désormais à l'entrée orientale de Caudry, c'est un entrepôt géant qui a des airs de temple évangélique américain. Il avale toute voiture qui passe, on y entre en rang de caddies. Tout autour, la constellation habituelle de magasins de bricolage, petits discounters, franchisés de la réparation automobile, ribambelle de cantines à malbouffe (resto de patates, ranch à viande grillée, fast-food, pizzeria) ; il y a aussi une animalerie et je ne sais plus quoi d'autre, car c'est un mouvement perpétuel de création-destruction. Ce « centre de vie », ainsi que se dénomme cet assemblage de boîtes à chaussures, s'est répandu de l'autre côté de la route. D'autres entrepôts se sont installés, l'un hébergeant l'inévitable bowling, un autre une aire de jeux « *indoor* ». Il reste un tout petit bout de bocage, dans le vallon rescapé du remembrement.

Dans le centre-ville, les commerces fermaient, rouvraient, végétaient depuis une bonne décennie. Les pauvres n'ont pas de sous, alors ils achètent peu. Pour améliorer les choses, il fallait donc un hyper excentré, capable de « redynamiser l'économie de l'ancienne capitale de la dentelle ». Et éviter par la même occasion que les Caudrésiens n'aillent faire leurs courses à Valenciennes (une demi-heure de route), Cambrai (vingt minutes) ou – allez savoir, avec de tels volages – pourquoi pas à Saint-Quentin (un bon quarante-cinq minutes). Il s'agissait de garder leurs porte-monnaie ici, mais pas chez les artisans du centre-ville et des deux rues commerçantes, où de toute façon ils se rendaient de moins en moins. L'hyper

Leclerc ouvert, Caudry devint visible depuis la route nationale, mais les commerces continuèrent de végéter, de fermer sans repreneurs, de rouvrir en descendant de gamme. Comme me l'a dit un jour un urbaniste, « quand on commence à voir des kebabs, des bijouteries pas cher et des magasins de réparation de téléphones, c'est que ça ne va pas bien du tout ». Où les petits vieux peuvent-ils faire leurs courses ? Et les pauvres qui n'ont pas de sous pour rouler en automobile ? Le maire leur a promis... une navette pour aller chez Leclerc.

Voilà illustrée une autre raison de boycotter les grandes surfaces de périphérie : la destruction du tissu social urbain qu'elles occasionnent, en plus de la perte des terres agricoles et de leur laideur, sans parler de la génération spontanée de cantines à gras, sucre et sel que leur ouverture favorise toujours.

La France est la championne européenne de construction de zones commerciales. On en compte 800 et quelques sur le territoire, plus 2 000 hypermarchés et 10 000 supermarchés, le tout sur 16 millions de mètres carrés de terres anciennement agricoles. Si l'on intègre toutes les surfaces commerciales possibles, c'est, depuis 2004, 3 millions au moins de mètres carrés de surfaces de vente nouvelles qui ont été autorisés (mais pas forcément construits) chaque année. À ce chiffre, il faut ajouter les parkings, les allées, les réserves, les entrepôts, les arbres, le gazon et les accès routiers, soit deux à trois fois plus. Et tout cela, en dépit des documents d'urbanisme et malgré le manque, aujourd'hui reconnu par tous les élus, en terres agricoles. Élus qui pleurent leurs entrées de ville défigurées par la laideur des aires commerciales. Sans oublier les conséquences environnementales, notamment sur l'eau, liées à la transformation des sols bruns et des pâtures en parkings bleus. Ces sols se réchauffaient moins vite que le macadam, lequel, sous le soleil, ajoute de la chaleur à la chaleur, soit dit en passant.

La course à l'échalote de l'immobilier commercial continue donc sans s'essouffler, alors que le commerce partout vacille. La vacance commerciale dans les centres-villes se situe entre 10 et 20 %. L'offre commerciale des hypers et supers croît de 4 % par an, le chiffre d'affaires n'évolue lui que d'un modeste 1 %. Cela n'empêche pas les projets de fleurir. Car l'immobilier commercial est, pour les investisseurs, une valeur refuge. En quelques années, le crédit est remboursé. Pas grâce à ce qui y est vendu, mais à ce qui y est loué : plus de la moitié du chiffre d'affaires des propriétaires provient des loyers versés par les enseignes satellites. Ainsi, qu'il y ait du monde ou non chez Leclerc ou Carrefour est moins important que ce que rapportent M. Bricolage et l'onglerie. Laquelle a quitté le centre-ville parce que son loyer est moins cher et ses taxes moins élevées. Et dans la mesure où les banques assoient les crédits sur les loyers escomptés, les promoteurs ont intérêt à multiplier les projets. En langage commun, cela s'appelle une bulle. Qui éclatera un jour ou l'autre.

Mais tout ça, c'est fini, promis. Encore ministre, Nicolas Hulot a déclaré au *Parisien* le 3 juillet 2018 : « Les sols doivent être considérés comme une ressource finie, dont la gestion doit être sobre et durable… Nous sommes pleinement engagés à aider les élus à limiter la consommation d'espaces. L'apogée des grandes surfaces est derrière nous. » On entend ça depuis des années, et rien ne change… De toute façon, le modèle de l'hyper est en train de s'effriter. Et c'est tant mieux. Les comptes des grandes enseignes sont tellement dans le rouge que, même si l'on assiste toujours à l'ouverture de centres commerciaux toujours plus grands, elles ferment des hypers (Carrefour), diminuent la taille des surfaces existantes (Casino) et cherchent à revenir en centre-ville. Ne voyez-vous pas de plus en plus de nouveaux « épiciers » franchisés adossés aux géants ? Tout change, parce que rien ne change, et que tout est saturé : Carrefour Contact, Monop', Franprix, Coccimarket, Simply Market, Auchan, Intermarché se battent pour aller où le consommateur a envie d'aller, c'est-à-dire de moins en moins dans les hypers, de plus en plus sur Internet. Car le nouveau concurrent des brontosaures, c'est la petite souris Amazon, qui vous livre yaourts, parfums et câbles USB en quelques heures. La lecture de la presse professionnelle et économique est parlante : « Le magasin prolonge le digital et le digital enrichit le réel, l'un ne remplace pas l'autre, l'un ne va plus sans l'autre » (*Les Échos*), « C'est la logique de la marchandise qui vient le plus près possible du client, avec un éclatement du modèle économique basé sur le magasin physique » (*EpochTimes*), etc. Les hypermarchés rétrécissent pour se consacrer à l'alimentaire, laissant le reste à Internet ou à des « *corners* », comme aux Galeries Lafayette, qui scindent l'offre alimentaire en gammes plus variées. Les commerces se réinstallent en ville, mais au profit, dans les plus grandes, de quelques enseignes obnubilées par la concurrence bien supérieure à elles : celle d'Amazon. Contrer le géant américain ne peut se faire que sur ce qu'il ne peut atteindre, la petite course de tous les jours, celle des retraités, des gens sans enfants ou qui travaillent chez eux. Il faut que la marchandise aille au client, ou que le client la trouve tout de suite et ne perde pas de temps, et voilà pourquoi on lui propose de commander ses courses sur Internet pour venir les chercher au magasin en bas de chez lui, voilà pourquoi les caisses automatiques se multiplient.

Refuser l'« expérientiel », revenir à l'expérience

Fin janvier 2018, le Sénat a reçu ces messieurs de la grande distribution pour en savoir un peu plus sur leur vision du monde. Soucieux de centres-villes, les sénateurs, élus de territoires ruraux, envisageaient un moratoire à l'installation des grandes surfaces. Mais aucune grande enseigne n'a reconnu une quelconque responsabilité dans le désastre. L'aménagement du territoire, ce n'est pas elles qui le font, ce sont les élus et les voitures. Elles se plaignent des taxes, des impôts, des charges et refusent toute idée de moratoire ou de régulation, qui serait antilibérale. On le sait bien, le marché a toujours raison, et il se régule tout seul.

En réalité, les cravatés de l'hypermarché, issus des meilleures écoles, ont peur, car ils n'ont pas vu venir Internet. On se demande dans quel monde ils vivent. Délégué général de la Fédération du commerce et de la distribution, Jacques Creyssel le dit clairement aux sénateurs qui l'écoutent, un peu surpris : « Nous ne devons pas nous tromper de débat. L'avenir du commerce physique est posé, car nous faisons face à des concurrents qui ne paient pas d'impôts et n'appliquent pas les mêmes règles. Il faut absolument qu'une politique publique assure l'égalité des conditions de concurrence. » Eh oui ! Amazon *and Co* ont ringardisé le gros machin entouré de parkings en bout de rocade. Les consommateurs veulent acheter et se faire livrer ou aller chercher ce qu'ils ont commandé dans un magasin de proximité. Les géants de la vente en ligne ne ferment jamais, paient moins de taxes, ne paient pas toujours leurs impôts en France, n'ont pas besoin de parkings ni d'ascenseurs ni de sécurité incendie : comment lutter ?

Les représentants des petits agneaux du commerce artisanal qui se sont réunis avec des sénateurs le 30 mai 2018 étaient pour une fois d'accord, sur ce point, avec les grands méchants loups de la périphérie. Quand un salarié d'Amazon dégage 1,3 million d'euros de chiffre d'affaires chaque année, un employé de Carrefour sort péniblement 350 000 euros, et un bon commerçant de centre-ville versé dans l'habillement au maximum 200 000 euros. Avant taxes, impôts et charges, qui comptent peu pour l'e-commerce, je le rappelle. Concurrence déloyale qui a un effet loupe sur celle exercée par les grandes surfaces sur les centres-villes, et cela, c'est une grande enseigne qui en parle le mieux : « S'agissant de la fiscalité, les magasins situés en périphérie sont favorisés. Nos trente-trois magasins de centre-ville datent d'avant 1930. L'entretien de ces sites s'avère bien plus coûteux que des enseignes neuves en périphérie, notamment au regard de leur remise aux normes. L'activité de commerce nécessite de la sécurité, de l'accessibilité et de l'animation. Plusieurs millions d'euros d'investissements en marketing ne suffisent pas à la réussite d'un projet. L'existence d'un tissu commerçant environnant (restaurants, etc.), d'un écosystème dynamique est nécessaire. Une problématique de compétences se pose également. En périphérie, les centres commerciaux sont gérés par des professionnels, qui proposent des services spécifiques et des loyers bas. Qui s'occupe de la commercialisation des centres-villes aujourd'hui ? Elle est prise en charge par une multiplicité d'acteurs (propriétaires, élus) qui ne sont pas toujours compétents. Au bout du compte, les différences avec la périphérie sont notables et il s'avère difficile d'implanter et de maintenir un magasin en centre-ville. Des changements fiscaux permettraient de réajuster les situations localement entre centre-ville et périphérie. » Si même Olivier Bron, directeur du réseau des Galeries Lafayette, le dit, il est facile d'imaginer ce qu'il en est pour le boucher et le libraire du quartier. Internet fait peur à tout le monde, mais tout le monde n'est pas armé de la même façon, c'est évident. Pour faire face, les petits magasins réclament plus de parkings et l'ouverture le dimanche, mais aussi, et c'est surprenant, de faire bloc en demandant aux villes de créer des « managers de centres-villes » afin de proposer une offre cohérente, pour éviter des concurrences cannibales entre quartiers et villes ; et pour diversifier l'offre commerciale, ils souhaitent créer des plates-formes mutualisées de commande (et de livraison) par Internet, et aussi devenir des points de dépôt de colis et de livraison. Cela, Auchan l'a pensé avant eux avec sa stratégie « phygitale », alliance du physique et du digital. Pas bête.

Mais il faut faire vite, prévient Florian Ingen-Housz, directeur de la stratégie de Fnac-Darty : « Actuellement, l'e-commerce est en train de prendre l'avantage sur les centres commerciaux en matière de prix et de rapidité d'accès au produit. Il faut saisir cette opportunité pour recréer un avantage comparatif en faveur des centres-villes. Ce process doit intervenir rapidement, car les bailleurs professionnels, tels qu'Unibail ou Klépierre, développent à grande vitesse leurs projets, pour recréer la ville en dehors de la ville et améliorer l'expérience client dans les centres commerciaux. À l'instar des commerces de centre-ville, les centres commerciaux doivent faire face au recul de leur fréquentation provoqué par la croissance du e-commerce. Au-delà de l'accessibilité, il s'agit de mettre l'accent sur l'expérientiel afin de redynamiser les centres-villes, en ce sens les commerçants doivent être accompagnés par des professionnels. » En langage clair, pour retenir le client, la grande distribution construit des centres-villes factices dans de nouveaux centres commerciaux géants. Terrifiant. C'est Europacity, « projet immobilier regroupant des loisirs, des équipements culturels, des commerces, des hôtels et restaurants, ainsi qu'un parc urbain et une ferme urbaine », qui pourrait voir le jour en 2024 dans la commune de Gonesse, dans le Val-d'Oise (investissement entièrement privé de 3,1 milliards d'euros), c'est l'ensemble des mégaprojets qui sortiront bientôt, comme le nouveau Cap3000, à Nice, où l'on promet au client « premium » une baie vitrée donnant sur la mer. Terrifiant, je vous dis. Du village Potemkine, de la cité qatarie, du factice pour attirer le client étranger, en espérant qu'il descende de l'avion rien que pour ça.

Mais tout cela est aussi très rassurant, car cela signifie d'abord que les géants du commerce traditionnel ne vont pas bien du tout, ensuite que, pour survivre, ils se replient ou copient ce qu'ils n'ont jamais su offrir, et que nous redécouvrons tous, le lien social. Parce que faire ses courses, ce n'est pas seulement acheter.

Achetons peu, achetons mieux

Boycottons, donc, c'est un acte social. Allons chez les petits commerçants, et au marché. En ce qui me concerne, vous l'aurez compris, je vais très rarement dans les grandes enseignes, hormis Monoprix, qui se trouve être à côté de chez moi. Je veux que mes sous aillent aux producteurs, pas aux distributeurs. Je dois toutefois confesser une faute : je suis allé au Leclerc de Pont-l'Abbé durant l'été 2018, car il était le seul du sud de la Bretagne à fournir du poisson pêché sur les côtes et acheté le matin même aux marins...

Évidemment, si là où vous habitez il n'y a plus que l'hypermarché, le boycott est compliqué. Après avoir montré comment les grandes enseignes ont fait le vide, aspirant le contenu des centres-villes comme des frelons asiatiques tombant sur une cagette de pêches trop mûres, voyons donc ce qu'on peut faire quand on est obligé de se rendre dans ces lieux infréquentables.

Les labels peuvent-ils nous aider à faire nos choix ? « Globalement, on peut leur faire confiance, en particulier ceux de Déméter et de Nature et Progrès », estime Laurent Chevallier. Ces deux labels qui n'en sont pas – car ce sont des marques – sont fiables car ils sont exigeants : leur cahier des charges est bien conforme à la philosophie de *la* bio. Mais qui les connaît ? Personne, sauf les initiés, les sourcilleux comme moi et les historiques de l'écologie. Cette tendance est en train de changer, et c'est tant mieux.

D'après les études d'opinion, tout le monde connaît Label rouge, AB, AOC, Élu produit de l'année, Saveur de l'année, Pêche durable, Commerce équitable, et j'en passe, mais ce sont AB et Label rouge, puis AOC et Viandes de France qui, donnant confiance, incitent le plus à l'achat. Ouf ! Nous autres, consommateurs, ne sommes donc pas si dupes. Les mentions marketing « produit » ou « saveur de l'année », personne n'y croit. L'AOP, l'IGP et la STG restent floues, alors que ces labels garantissent une origine géographique et un savoir-faire, comme l'AOC.

L'appellation d'origine protégée (AOP) et l'appellation d'origine contrôlée (AOC), c'est pareil. La première est européenne ; la seconde, française, lui est soumise. L'AOP/C garantit un lien étroit entre un produit et un terroir. Ma consœur Florence Humbert, dans les pages de *Que choisir ?*, est très claire : « Une AOP est la protection d'une provenance, d'une ère délimitée et le respect d'usages "locaux, loyaux et constants", c'est-à-dire le respect d'une tradition, d'un savoir-faire, qui a une antériorité historique et qui vise à protéger ce savoir-faire. Un produit qui est fabriqué dans une région est inimitable. On ne peut pas le faire ailleurs qu'à cet endroit parce que c'est un ensemble géographique de races, d'espèces variétales et tout un savoir-faire qui se construit peu à peu dans cette zone géographique. » Version altérée de l'AOP, l'inscription géographique protégée (IGP) n'exige pas que toutes les étapes de l'élaboration d'un produit soient réalisées dans l'aire géographique considérée. Quant à la discrète spécialité traditionnelle garantie (STG), que personne ne connaît – si ? –, elle est une version encore un peu plus allégée de l'AOC/P, car elle ne concerne qu'une recette, dont le cahier des charges est imposé, certes, toutefois sans aucun lien avec un terroir ou une provenance. Visuellement, ces trois labels s'inscrivent dans la même roue crantée jaune bordée d'étoiles, dont le cœur est rouge pour l'AOP/C, bleu pour l'IGP, bleu également pour la STG. Pour cette dernière, le cœur est bleu mais il est vide. Tout bleu, quoi. Alors que pour IGP et AOC/P il y a au milieu la figuration d'un champ labouré. Quatrième estampille, le Label rouge est purement français. Ce grand R posé comme un lapin blanc devant un fond rouge n'assure pas nécessairement la provenance géographique, il est par contre ce qui se fait de mieux en matière de garantie de qualité d'un produit. Chaque filière suit un cahier des charges particulier quelle que soit la région, avec parfois, en plus, une mention géographique. On est souvent très proche du bio. Bref, allez-y les yeux presque fermés, au supermarché ou ailleurs, privilégiez ces labels, en plus du bio.

À tout cela, j'ajoute encore Bleu Blanc Cœur, mention d'un groupe de professionnels du lin qui promeuvent leur affaire par le biais de la richesse en oméga 3 des produits issus des animaux nourris… au lin, et désigne de fait des conduites d'élevage plutôt douces, riches en pâtures pleines de légumineuses. La charte de l'association impose aux prétendants au logo une obligation de résultat sur le profil en acides gras des produits, ce qui est rare et rassurant pour qui pense à sa santé quand il ou elle fait ses courses. On voit l'autocollant sur un nombre croissant de jambons emballés.

Nous connaissons tous enfin le macaron « Concours général agricole de l'année », avec sa feuille de chêne en or, en argent ou en bronze. Le voir, c'est acheter, il suffit de regarder le comportement des clients au rayon vins d'un grand magasin… qui oublient que dans le vin, il n'y a pas que du raisin (la vigne est une des cultures les plus pulvérisées). Existant depuis 1870, propriété du ministère de l'Agriculture, délivré au Salon de l'agriculture chaque année, il désigne les meilleurs parmi des produits sélectionnés dans toute la France pour leur goût et leur saveur, qu'ils soient fermiers, artisanaux ou industriels. Un jury de 6 000 professionnels remet sa copie, et les produits sont honorés pendant le salon ; ensuite c'est dans les départements que les heureux bénéficiaires se voient remettre diplômes et droit d'usage du logo, lors de cérémonies préestivales où l'on goûte largement en se congratulant.

À ces labels certifiant une pratique, un goût ou une composition nutritionnelle, plus ou moins fameux, plus ou moins visibles, tous globalement sérieux, s'ajoutent chaque année d'innombrables mentions qui fleurent bon la France d'autrefois. Mais leur champ sémantique étant assez restreint, on retrouve les mêmes allégations balancées par des boîtes de com à l'imagination bien pauvre : « saveur d'autrefois », « paysan » « fermier », « pêcheur », « tradition », « de nos terroirs », « de nos campagnes », « à l'ancienne », « d'antan », « à la louche », « à la baratte », « au chaudron », « cuit dans son moule », « au torchon », « à la main », « au feu de bois », « à la ferme », « à l'herbe », « façon grand-mère ». Sur les illustrations qui accompagnent, un clocher, la pipe dans la bouche d'un pêcheur bien ridé, une cuillère en bois dans la purée épaisse, une vache dans son pré, ou mémé avec son tablier, tout y passe. Je me demande chaque fois si ce ne sont pas les scénaristes des grandes séries de l'été sur France Télévisions qui inspirent les dessins.

J'exagère ? C'est à cette étape de notre promenade alimentaire que nous retrouvons Lactalis : depuis le malheureux incident de décembre 2017, la firme a récolté quatre médailles d'or, vingt médailles d'argent et treize médailles de bronze au Concours général agricole. Je la félicite personnellement.

Reniflons le camembert

Méfiance, donc. Renseignons-nous, sachons discerner. D'autant que tout bouge tout le temps. Rien qu'un exemple, qui me tient particulièrement à cœur. Fin mai 2018, l'Institut national de l'origine et de la qualité (Inao) a publié une nouvelle version du cahier des charges du camembert de Normandie AOP. L'Inao veille sur les labels officiels : AOC/P, IGP, STG, Label rouge, AB ; il a un but : renforcer les liens entre ces appellations d'origine et leurs terroirs. Cela tombe sous le sens. Voilà pourquoi la lecture du nouveau cahier des charges peut vous mettre un méchant coup à l'estomac : on lit qu'à partir de 2021, le lait pasteurisé sera autorisé. Pourtant, chaque fromage est le produit d'un certain lait, issu d'une certaine race de vache, adaptée à son territoire, nourrie au pré, et transformé par des micro-organismes particuliers. Un fromage digne de ce nom ne peut que provenir d'un lait cru, riche en germes propres au territoire où la vache ou la chèvre ou la brebis vit et mange. Le lait est la signature d'un territoire, le fromage en est le paysage. Qu'est-ce qu'un fromage issu d'un lait pasteurisé ? L'évolution contrôlée d'un lait sans origine, produit par des vaches anonymes, nourries aux tourteaux de soja fermenté sous l'action de micro-organismes issus d'un laboratoire. Comment l'Institut national de l'origine et de la qualité peut-il autoriser cela ?

Cette surprise est due à un compromis trouvé entre les producteurs de camemberts traditionnels – AOP, lait cru, 5 500 tonnes par an – et les industriels du camembert façon plâtre – 66 000 tonnes, dont Lactalis est le roi avec son Président – pour faire avaler aux usiniers l'interdiction, enfin, de la mention « fabriqué en Normandie » qu'ils ont longtemps collée sur du n'importe quoi fabriqué n'importe comment avec du lait venu d'on ne sait où. Demain, ces faux calendos n'existeront plus, et, en échange, l'AOP sera appliquée sur deux types de camemberts : le camembert de Normandie AOP au lait… pasteurisé, issu de vaches normandes à hauteur de 30 % mises au pâturage pendant au moins 180 jours avec une part d'herbe minimale dans la ration estivale ; et le « véritable camembert de Normandie », authentique AOP au lait cru, inchangé si ce n'est avec de nouvelles obligations sur le maintien des haies et l'obligation de traire au moins deux tiers de vaches normandes. Le consommateur verra-t-il la différence entre vrai et faux ?

Réponse oui : il n'est pas bête, comme me le fait remarquer le camarade Périco Légasse, défenseur acharné de la bonne bouffe, grand amoureux du fromage et du vin : « C'est une grande avancée, il le fallait ! "Fabriqué en Normandie" était une forfaiture qui n'avait que trop duré. Avec l'AOP, l'authenticité réside dans l'adjectif "véritable", de fait, ce qui ne l'est pas est faux », d'autant que sur le camembert AOP industriel il sera clairement indiqué « au lait pasteurisé ».

Réponse non : l'appellation d'origine pasteurisée sera moins chère que l'autre et le client qui auparavant achetait un « fabriqué en Normandie » ne s'embêtera pas à chercher la mention « véritable ». La provenance rassure, et l'acronyme AOP, pour beaucoup d'entre nous, c'est un code réservé aux initiés. Normandie suffira d'autant plus que le véritable sera plus cher.

Alors, quel avenir ? Le vrai camembert va-t-il couler ? Se fier à l'AOP sera-t-il encore justifié ? À l'heure actuelle, il ne reste que cinq producteurs traditionnels indépendants en

Normandie. Les autres ont été rachetés par Lactalis, qui a agi de même avec 32 des 45 AOP fromagères françaises. Lactalis qui produit chaque jour 400 000 ronds de plâtre de marque Président. Face à Lactalis, il n'y a que le groupe Savencia qui fabrique ces fleurons de la gastronomie que sont Cœur de Lion et Le Rustique. On peut se dire que les contraintes nouvelles imposées par l'AOP ne faciliteront pas la vie des deux géants, car elle va leur occasionner des coûts de fabrication plus importants, ne serait-ce qu'en raison du fait qu'acheter du lait en Normandie revient plus cher que négocier de la poudre manufacturée en Pologne. S'ils s'en accommodent, le risque est toutefois que ces camemberts AOP pasteurisés deviennent la norme, et bannissent les véritables au lait cru dans un marché de niche de crémiers-affineurs pour clientèle savante.

Dans cette funeste hypothèse, de produit transformé mais vivant et spécifique à un terroir, le camembert rejoindrait définitivement la gamme des produits ultra-transformés. Car qu'est-ce d'autre qu'un lait dont on a tout retiré en le chauffant et auquel on ajoute un ersatz de ce qu'on a retiré par la technologie ? Qu'est-ce qu'un fromage constitué à partir d'un lait dont a détruit toute la flore microbienne ? Le « Crawtin de cajou » du chapitre 2 n'est peut-être pas si scandaleux que cela, car il est fait de la même façon. Dans *Libération* du 14 mai 2018, la présidente de l'association Fromages et terroirs, Véronique Richez-Lerouge, hurlait à s'en faire sauter les plombages : « Sous couvert de protéger une zone géographique “Normandie”, le compromis rédigé au burin techno-bureaucratique consacre deux versions de camembert. L'une respecte la tradition et le palais du consommateur ; l'autre, de piètre qualité gustative, a pour vertu essentielle d'être adaptée au modèle économique mortifère de la grande distribution, autant dire neuf camemberts sur dix. L'original sera englouti dans un océan de médiocrité. À quoi sert l'Inao si un signe de qualité cautionne l'original et sa copie ? » On monte le niveau de qualité, en écrasant les petits artisans qui travaillent au lait cru. Faisons chauffer le camembert, et les autres fromages classés suivront le mouvement lancé par Pasteur ? C'est déjà le cas du cantal, dont le cahier des charges de l'AOP autorise à peu près toutes les facéties. Docile et productive prim'holstein plutôt que la caractérielle salers (qui ne donne bien son lait au fermier qu'avec le veau à côté, en plus), alimentation à 30 % par de l'ensilage fermenté plutôt que du tout-pré, ensemencement aux ferments de laboratoire plutôt qu'avec les micro-organismes présents dans l'atmosphère et la terre, le cantal de base a peu de goût. Le lait de la holstein étant bien moins gras que celui de la salers, il ne peut pas faire grand-chose pour accoucher d'un fromage. Sauf entre les mains des industriels qui savent créer l'illusion : trois quarts des 14 000 tonnes annuelles de cantal sortent des usines Lactalis et Sodiaal. En ce qui me concerne, je préfère prendre du cantal fermier (à peine 400 tonnes produites) ou du salers (1 000 environ), au lait cru, chez Ana Leonor Vassiliades, ma fromagère du marché de Brunoy. Là, je mange un peu d'Auvergne.

Pont-l'évêque, livarot, ossau-iraty, fourme d'Ambert, bleu d'Auvergne, époisse, munster et même maroilles, mon maroilles de chez moi, dans le Nord, sont eux aussi en train de se vider de leur caractère par l'autorisation du lait pasteurisé portée dans les cahiers des charges de leurs AOP. La tribune de la présidente de l'association Fromages et terroirs a été soutenue par la plupart des grands chefs français. Il faut dire que ses arguments sont convaincants : « Le véritable camembert au lait cru ne doit pas être réservé à une certaine catégorie de consommateurs, c'est un produit fier de ses origines populaires et rustiques. Durant toute la Première Guerre mondiale, il nourrissait les soldats dans les tranchées, il était fabriqué dans toutes les régions de France, il trônait sur les tables paysannes et embaumait les cuisines. Les étiquettes en témoignent. Vouloir en faire un produit de luxe est une injustice et une insulte à l'histoire. » La médiocrité industrielle va de pair avec le mépris social. Pour une fois, Périco Légasse ne partage pas ce constat. Il est optimiste. « Soyons lucides. Ceux, nombreux, qui ne s'en sont jamais souciés, continueront dans l'insouciance et le pire demeurera en l'état. Ceux, chaque jour plus sensibles à leur alimentation, à la traçabilité, à la qualité des produits, dont l'attention est croissante, sauront bien vite qu'il existe deux camemberts, le vrai et l'autre. Leur vote sera sans appel. Quant aux connaisseurs et aux amateurs de fromages au lait cru, ils se réjouiront de pouvoir déguster un camembert encore plus normand que le précédent. Attention, les industriels peuvent encore faire marche arrière et la pire des issues serait le retour au statu quo. » Cette année, le camembert au lait cru Moulin de Carel a obtenu une médaille d'argent au Concours général agricole. C'est une marque Lactalis.

Se faire confiance grâce aux indicateurs : Nutri-Score d'abord

Puisque, désormais, tout le monde doute de tout et que tout bouge, autant que chacun se mette à croire en lui-même, établisse son propre jugement. Comment ? En lisant les étiquettes ! Je sais, c'est tellement compliqué. Qui les lit vraiment, à part des fous comme moi ? Il existe pourtant quelques repères simples :

1. Du début à la fin, du premier au dernier, on passe de l'ingrédient le plus important en pourcentage à celui le moins important ; les premiers doivent donc correspondre à ce que vous imaginez être la recette du produit : dans une mousse au chocolat, il doit y avoir des œufs !

2. Il doit aussi y avoir le moins possible de noms que vous ne comprenez pas, comme les E.

3. La liste doit être la plus courte possible. Est-ce que vous, vous mélangeriez tout cela pour faire la même chose ? Non ? Alors le doute est permis.

4. Lisez le contenu nutritionnel : le taux d'acides gras, de sucre, de sel, le nombre de calories… Si ça vous paraît énorme, c'est que ça l'est, sans aucun doute, alors reposez le produit, ou bien référez-vous aux feux rouges.

Je parle des indicateurs colorés qui, sur le principe des étiquettes énergie collées sur les frigos et les annonces immobilières, signalent cette valeur nutritionnelle. Le plus simple, encore peu répandu car il a démarré son clignotement au cours du mois de mai 2018, c'est le Nutri-Score.

Après trois ans de tests entre plusieurs projets, c'est lui que l'agence nationale Santé publique France a retenu. Nutri-Score est donc un logo nutritionnel officiel. A, B, C, D, E, du vert foncé au rouge en passant par le vert clair, le jaune et l'orange, l'indice prend en compte les nutriments dont la consommation excessive nuit à la santé (sel, sucres, acides gras saturés), et ceux qui font du bien (protéines, fibres, quantités de fruits, légumes ou légumineuses incorporées dans la recette). Cela donne un « score nutritionnel » qui descend curieusement de – 15 (meilleure qualité nutritionnelle) à + 40 (moins bonne qualité nutritionnelle), de A (vert foncé) à E (rouge). C'est le professeur Serge Hercberg, président du Programme national nutrition santé, qui l'a mis au point.

Salué par l'Organisation mondiale de la santé, la plupart des scientifiques et des médecins, Nutri-Score n'existe qu'en France, où il n'est qu'optionnel. Au moment où j'écris ce livre, à peine 33 industriels et distributeurs l'ont adopté, dont Auchan, Leclerc, Fleury Michon, Intermarché, McCain ou encore Danone. « Accélérateur d'amélioration nutritionnelle » pour Les Mousquetaires, groupe qui avait été précurseur en 2006 avec son Nutripass, « grande aide pour le consommateur » selon Patricia Chairopoulos, de *60 millions de consommateurs*, « le meilleur outil, qui vous donne l'intérêt ou l'absence d'intérêt nutritionnel d'un produit, qu'il soit conventionnel ou bio », pour Olivier Andrault, de l'UFC-Que choisir, « cet outil vient de la médecine, des biologistes, et a vocation à jouer un rôle vertueux », souligne Gilles Fumey. Notre chercheur en géographie culturelle de l'alimentation explique : « Un industriel dont les produits sont uniquement estampillés en rouge va peut-être réfléchir, par exemple à son usage de l'huile de palme, que ce soit pour de bonnes ou de mauvaises raisons. Vous avez là un véritable outil, qui est solide. Les industriels vont peut-être dire qu'ils sont stigmatisés, mais cela va encourager les gens à passer des produits rouges à des produits verts. » Il y a donc là matière à se réjouir : « Nous pouvons penser que l'utilisation du Nutri-Score poussera vers des évolutions de consommation, donc vers des produits de meilleure qualité nutritionnelle et comportant moins d'additifs. Les simulations de nos études ont très bien montré que les personnes exposées au Nutri-Score ont tendance à augmenter la consommation des produits bruts qui sont, par définition, des aliments de meilleure qualité nutritionnelle et comportant aussi moins d'additifs », renchérit le père du feu rouge, Serge Hercberg. Propos entendus à la commission parlementaire sur l'alimentation industrielle d'avril-septembre 2018.

Effectivement, c'est simple, Nutri-Score. Clair. Nous verrons à l'usage si les cinq lettres modifient nos choix de consommateurs et les formulations des industriels. Allons-nous acheter des produits plus verts, ou, si notre paquet de chips favori est rouge, allons-nous l'échanger contre un équivalent juste orange foncé, ou d'une marque qui n'a pas adopté le Nutri-Score ? Telle est la question. Allons-nous abandonner les produits ultra-transformés, tous rouges ou orange ? Allons-nous troquer les produits estampillés avec le Nutri-Score, tous français, pour des produits européens sans label ? Nous sommes tous pareils : face à ce qui nous culpabilise, nous pouvons fermer les yeux, passer notre chemin et changer de crémerie.

Fondé scientifiquement, le Nutri-Score est un bon début. Il souffre néanmoins de défauts majeurs, dont un que me signale Laurent Chevallier, très dubitatif sur la portée du logo : « Cela se passe sur la base de volontariat, cela coûte très cher, pour pas grand-chose, car il ne tient pas compte des additifs », ni de la teneur en sels minéraux. En outre, Nutri-Score est un indicateur purement quantitatif : il ne donne aucune idée de la qualité, de la provenance des ingrédients. Il ne s'applique enfin qu'aux produits emballés, pas à la boulangerie et à la pâtisserie industrielles, ni aux céréales du petit-déjeuner ni aux bonbons en vrac.

Anthony Fardet, que je retrouve pour ce chapitre, est très remonté contre le Nutri-Score. Nous discutons longuement des travaux qui ont nourri son élaboration, des algorithmes de calcul. Non, il n'y a rien à faire, Nutri-Score ne lui plaît pas. « Le problème, c'est qu'il est très réducteur, puisqu'il est basé sur le paradigme que l'aliment est une somme de nutriments. » On en revient toujours à la même chanson. « Il peut avoir une vertu pour comparer des produits identiques au sein d'une catégorie bien définie, qui ont à peu près la même matrice », comme des pizzas quatre fromages surgelées. Ou les céréales du petit-déjeuner : « À plus de 90 % ultra-transformées, je les considère comme étant une catastrophe nutritionnelle. Eh bien, le logo Nutri-Score va indiquer au consommateur la marque la moins riche en sucres, gras et sel, donc la moins mauvaise. Mais cela n'encourage pas à manger de la nourriture moins transformée. Ce score classe d'ailleurs en A ou B de nombreux produits ultra-transformés ! » Renseignements pris, 40 % des A et B seraient en effet des produits ultra-transformés, ce qui fait beaucoup. Laurent Chevallier abonde : « Cela ne peut pas inciter les gens à manger des aliments moins transformés. » À écouter les deux spécialistes, je me demande finalement en quoi le Nutri-Score est dangereux pour les industriels : il ne les empêchera pas de bidouiller leurs curseurs pour obtenir une meilleure couleur. Disons alors que c'est la crainte d'être stigmatisés comme fabricants de produits toxiques qui les a horripilés…

La riposte de l'industrie : Nutri-couleurs, pour se faire enfumer

Lors des auditions de la commission parlementaire sur l'alimentation industrielle de 2018, Olivier Andrault, d'UFC-Que choisir, a bien résumé la situation : « Certains pays européens et surtout la grande majorité des industriels sont opposés à la généralisation du Nutri-Score, qui présente, à leurs yeux, le défaut d'être immédiatement compréhensible. » Tous mes interlocuteurs me l'ont confirmé, le lobbying des industriels a été féroce. Ils auraient dépensé près de 1 milliard d'euros dans toute l'Europe pour que le Nutri-Score ne voie jamais le jour. Il faut les comprendre : si le consommateur est logique avec les peurs et la défiance qu'il avoue, il devrait se détourner des produits rouges et orange, qui forment l'essentiel du cortège des saloperies transformées. Pour les géants, le système d'avant était plus simple – qui reste d'ailleurs en majorité celui d'aujourd'hui : avec des listes d'ingrédients incompréhensibles, aussi longues qu'écrites en riquiqui, des informations nutritionnelles brutes en pourcentage et en apport quotidien, disponibles pour 100 grammes et par portion, personne n'y comprend rien. Surtout, comme l'on ne peut pas comparer rapidement deux produits de même gamme, à quoi ça sert ? Créer le doute, la confusion, la lassitude et finalement l'abandon, voilà le but recherché par les industriels qui ont refusé le Nutri-Score, d'une lecture outrageusement simple, et ont inventé un autre indice, prétendument moins subjectif.

Qui sont ces industriels mécontents ? Les membres d'Alliance 7, par exemple. Derrière ce nom un peu mystérieux se cache la Fédération des produits de l'épicerie et de la nutrition spécialisée. Elle représente les industriels et artisans du bonbon, du café, du miel, des céréales du petit-déjeuner, des gâteaux apéro, des biscuits du goûter, des plats diététiques, etc. Et elle n'aime pas qu'on lui impose quoi que ce soit. Car elle ne pense qu'à faire le bien, alors elle n'a pas besoin qu'on lui dise quoi faire. Elle préfère donc, en restant en famille, se doter de ses propres chartes, comme le Syndicat français des céréales du petit-déjeuner, l'un de ses membres, qui, d'ici 2020, « s'engage à poursuivre [ses] efforts en diminuant encore la teneur en sucres des céréales pour enfants et adolescents de 7 % en moyenne, tout en restant à l'écoute des besoins et des préférences des consommateurs ». 7 %, dans des céréales qui sont tellement chargées en sucres, et si peu en quoi que ce soit d'autre, c'est un engagement à la portée considérable. Mais ça va plus loin, la preuve : la tribu des confiseurs d'Alliance 7 « s'engage à développer des recettes sans sucre, à teneur réduite en sucres, sans gluten, véganes, avec des arômes et colorants naturels, bios… La profession s'engage à proposer de plus petits formats, des emballages refermables, portions individuelles, pour favoriser une consommation raisonnable ». Vous voyez bien qu'il n'y a pas besoin de Nutri-Score chez ces gens-là, qui savent ce qui est bon pour nous. D'ailleurs, le mot Nutri-Score n'est cité qu'une fois sur leur site Web.

En bonne compagnie – Mars, Mondelez, Nestlé, Coca-Cola, Unilever et PepsiCo –, Alliance 7 soutient en effet cet autre logo depuis novembre 2017 : « Nutri-couleurs ». Attention, c'est brillant. Prenez les informations nutritionnelles déjà présentes sur tous les emballages, ajoutez un code couleur pour chacune d'entre elles, ramenez le tout à une portion, qui change d'un produit à l'autre, et vous obtenez un beau générateur à fumée comme on en voit dans toute bonne salle de spectacle. Énergie, matières grasses, acides gras saturés, sucres, sel, chaque compartiment a sa couleur, son poids dans une portion et le pourcentage des apports dans une journée. Comparer deux produits affichant des portions différentes oblige à un petit calcul, à une règle de trois. On n'a pas le temps ! Alors on se laisse embarquer par la masse la plus faible de sel au regard de la portion, alors que c'est par rapport à une unité de 100 grammes qu'il faut comparer, et on peut se faire avoir. D'autant qu'il suffit qu'un des compartiments du Nutri-couleurs soit en vert pour que l'impression générale soit favorable. Dans la profusion d'informations incompréhensibles, on évite la saturation, mère de l'indécision, en se fixant sur l'information positive, sur la couleur verte, qui nous rassure. Tout cela joue chaque fois que nous faisons nos courses dans notre cerveau ramolli, auquel on demande pourtant d'être aussi rapide et malin que lors d'un entretien d'embauche : comme avec le 9,90 euros plutôt que 10, avec un peu de vert ou d'orange, on n'atteint pas la barre psychologique du tout rouge, alors on est tenté d'acheter. Entre deux produits « Nutri-Scorés », il y a deux informations à comparer, entre deux « Nutri-colorés », il y en a dix. Nutri-couleurs oblige à hiérarchiser l'information : entre un produit riche en sel mais pauvre en gras, et un autre riche en gras et pauvre en sel, qu'est-ce que je prends ? Nutri-Score, pas du tout, car il a déjà fait le travail pour le consommateur. Illustration faite par Serge Hercberg sur la barre chocolatée Twix : chez Nutri-Score, elle est rouge et E ; avec Nutri-couleurs, elle est rouge sauf pour le sel (orange) version « par rapport à 100 grammes » et… tout orange en rapportant tout à la portion (25 grammes). Un miracle.

Yuka : y a qu'à !

Heureusement, il existe d'autres indicateurs, fiables, comme l'application pour smartphones Yuka. Avec désormais plus de 7 millions d'utilisateurs, la start-up, cofondée par Julie Chapon, est devenue la star des réseaux sociaux et des médias. Plus complète que Nutri-Score, elle se fonde sur le Wikipédia de la bouffe, Open Food Facts. Gigantesque base de données créée en 2012 par un informaticien, Stéphane Gigandet, Open Food Facts est abondé chaque jour par des fiches produits documentées par vous et moi, selon le principe qui a fait le succès – et le sérieux, ne chipotons pas – de Wikipédia : la vérification a posteriori. Si un contributeur écrit des âneries, ment, arrange la liste des ingrédients ou se trompe de façon grossière dans les chiffres, c'est assez vite détecté, par les gestionnaires du site et, surtout, par les autres utilisateurs. S'il y a bien tromperie, après vérification, l'utilisateur indélicat est banni du système. Mais cette base (300 000 produits environ en stock), en réalité, « on ne s'en sert plus beaucoup, m'explique Julie Chapon. On se sert maintenant, pour l'essentiel, des données envoyées par nos utilisateurs, et de plus en plus de marques nous fournissent les leurs ».

Yuka représente un cocktail d'infos nutritionnelles et d'additifs, avec du bio en plus. Je m'explique : 60 % de la note fournie par l'application proviennent de Nutri-Score, 30 % du nombre et de la toxicité potentielle des additifs et 10 % de la qualité bio ou non du produit. Sur l'écran, cela donne une note sur 100 et un adjectif : « excellent », « bon », « médiocre » ou « mauvais » ; la composition est analysée en défauts et qualités du produit. Pour certains, particulièrement mauvais, des produits alternatifs sont proposés. C'est très parlant, en particulier la liste des additifs, répartis en « nocifs », « douteux » et « sans impact ». La barre Twix est toute rouge.

Acheter bio ?

On peut se demander si le développement de Yuka, start-up alimentée par des contributeurs, ne va pas cannibaliser Nutri-Score, fondé sur un lourd travail de recherche et un lourd comité d'experts. En pratique non, car depuis décembre 2018 Nutri-Score est relayé par une nouvelle application pour smartphone, développée conjointement par Open Food Facts et Santé publique France, qui donne au consommateur la notation Nutri-Score pour tous les produits qui ne l'affichent pas sur leur emballage. Avec Yuka, toutefois, autre façon de contourner les refus des industriels, on va bien plus loin – au doigt mouillé, cela dit, car la pondération entre informations nutritionnelles, présence et qualité des additifs, et nature bio ou pas, n'a pas de fondement scientifique. C'est globalement juste, il faut le reconnaître, même si cela donne, je l'ai vérifié, un avantage presque systématique aux produits bios. Mais l'information nutritionnelle, aussi réductrice soit-elle, doit s'appliquer de même à tous les produits, quels qu'ils soient. Une pâte à tartiner bio et une pâte à tartiner non bio, c'est la même chose, à quelques additifs près. Nonobstant l'absence de pesticides ou la défense d'une philosophie humaniste, le label bio ne saurait faire oublier la piètre qualité de certains produits. Trop de gras, c'est trop gras : oui ou non ?

Siga, si juste ?

Ce biais a été repéré par Aris Christodoulou, président de la société Siga qu'il a cofondée avec Anthony Fardet. Issu d'une école de commerce comme la fondatrice de Yuka, il incarne le chamboulement que des têtes bien faites, bien structurées, multilingues et sans beaucoup d'appétit pour de longues carrières dans des grands groupes, peuvent créer dans le monde économique. « Yuka révèle un intérêt croissant des consommateurs pour la composition des aliments, j'applaudis l'initiative. En revanche, je regrette la manière dont a été monté ce score : pas d'études scientifiques, et les critères utilisés sont peu compatibles entre eux. 60 % de Nutri-Score, 30 % de présence d'additifs dont ils évaluent le risque à partir de livres, 10 % de bio ou non... Et puis, second biais majeur, Yuka part d'Open Food Facts où il existe quand même un certain taux d'erreur. » Je le crois sur parole, ne pouvant vérifier. Selon mon interlocuteur, il y aurait une chance sur deux de tomber sur de « bons » produits ultra-transformés avec Yuka, contre 40 % avec Nutri-Score, souvenez-vous.

« Tout est parti du Brésil, raconte Aris Christodoulou, où je me trouvais. Là-bas, quand j'achetais des biscuits, je n'en trouvais aucun au beurre », ce qui ne donne pas confiance, je le comprends. « Les aliments étaient comme ici évalués en fonction de leurs nutriments ; le problème, c'est que je n'arrivais pas à mettre en avant les articles que je souhaitais acheter. » Rentré en France, Aris Christodoulou est allé voir des scientifiques, dont Anthony Fardet, qui lui a montré la classification Nova. Faite par... des Brésiliens au début des années 1980, disponible sous la forme d'un livret d'une dizaine de pages, elle identifie les produits industriels en fonction de leur degré de transformation, et de la présence d'additifs. Les produits transformés sont rangés dans quatre boîtes, de la moins à la plus transformée. C'est à partir de cette classification qualitative, par nature simplificatrice, qu'Anthony Fardet a créé ce nouvel indice, concurrent de Nutri-Score et de Yuka. Un indice un peu compliqué au premier abord… « C'est vrai, je ne vous dirai pas le contraire. On est sur une approche philosophico-nutritionnelle, holistique. Par exemple, dans le groupe des aliments peu transformés, nous séparons le fruit du jus de fruits, et les différents jus de fruits entre eux. S'agissant des aliments transformés, cela ne revient pas au même de mettre dans un yaourt l'équivalent d'un ou de cinq morceaux de sucre, alors nous séparons les types de yaourts. Enfin, en ce qui concerne les aliments ultra-transformés, on a créé des sous-groupes basés sur la nature, le nombre et la fonction des additifs, et le degré de transformation des ingrédients. »

Plus subtil, l'indice Siga ne met ainsi pas sur le même plan des produits ayant des quantités de sucre ajouté différentes, il ne considère pas non plus que le sucre roux, le sucre raffiné, le miel et le sirop de glucose sont équivalents. Le dernier est ultra-transformé, alors que le sucre de table blanc est juste transformé, le roux un peu moins, le miel encore moins. « On sépare aussi les huiles : une huile hydrogénée trans est ultra-transformée, une huile raffinée est transformée, une huile vierge "première pression à froid" peu transformée. Ce n'est pas la même chose. » Pratiquement, m'explique M. Christodoulou, « on a 400 critères de sélection, une base de 15 000 ingrédients et additifs que nous avons expertisés ; à la fin, nous avons 20 groupes d'ingrédients, et 8 niveaux de transformation ».

Les aliments peu ou pas transformés sont classés 1 et 2. 1 (le chiffre pour les consommateurs, A0 pour les professionnels, couleur vert clair), c'est le frais : fruits, légumes, lait cru, poisson ; 2 (A1 et A2, en vert) : le sel, le jus de fruits, la boîte de tomates et le yaourt nature, l'huile d'olive et le beurre. La classe 3 (B1, vert foncé) regroupe les produits transformés « équilibrés » : le pain, la boîte de thon, la confiture et les fromages pauvres en sel comme l'emmental. La 4 (B2, marron), les transformés « gourmands » ; ça s'aggrave : soupe de poissons, pâtisseries, fromages riches en sel comme le cantal fermier bien affiné ou le camembert. Attention, on arrive maintenant aux ultra-transformés, qui s'étagent sur quatre niveaux. Classe 5 (C01, bleu) : avec le ketchup, la brioche industrielle, le yaourt à boire, le poisson tout préparé, on est dans l'ultra-transformé « équilibré ». Classe 6, c'est « gourmand » (C02, bleu foncé) : la brique de jus de fruits, le poisson pané, les crêpes industrielles, le steak haché surgelé, la pizza surgelée, le yaourt pour enfants – une catastrophe ! Les pires catégories sont 7, 8 et 9. Classe 7 (C1, orange) : chips, pains de mie industriels, sodas. Classe 8 (C2, rouge) : bonbons, tacos, frites surgelées et glaces artisanales. La classe 9 (C3, noire) est la pire de toutes, avec les glaces industrielles, les plats pour micro-ondes, les céréales du matin. Vous le voyez, de 5 à 9, le traitement physique, thermique ou mécanique des ingrédients, outil de la transformation, va croissant, de même que les ajouts de gras, de sucres et de sel. Entre 1 et 4, seuls des additifs de conservation sont ajoutés ; à partir de 5, ça se gâte. Avec les 7, 8 et 9, c'est le pompon, l'explosion chimique.

Concrètement, prenons l'exemple d'une pomme. Tombée de l'arbre, elle se range dans la classe Siga n° 1. Vendue sous forme de purée, elle devient 2. En compote ? Classe 3 ! En jus à base de concentré ? Classe 4... La transformation-altération-dénaturation commence à se sentir avec la purée de fruits aromatisée (pomme-abricot, par exemple), qui classe notre pomme en 5. Transformé en bonbon, le fruit devient n° 6. En « *fruit sticks* » de la marque N.A. ! (N.A. pour Nature Addicts), cela vaut une classe 7. Présente dans un « velouté de fruits » de marque Andros, elle dégringole dans la classe n° 8. Le pompon ? La pâte de fruit « diététique » Gayelord Hauser, classe 9.

Plus précis, plus discriminant, Siga. « Mais attention, on ne rejette aucun aliment a priori », m'explique Aris, qui n'a pas envie que Siga soit perçu comme le Politburo de l'alimentation. « Avec le Nutri-Score, tous les fromages, toutes les charcuteries, tous les miels sont mauvais. Pas avec nous. » Point de différence supplémentaire, le sucre* : « Le Nutri-Score classe les compotes en B, car elles sont sucrées, c'est vrai. On pourrait donc les rejeter toutes, par principe, pourtant on en fait à partir de purées de fruits, d'autres avec des compotes concentrées, ou avec des sucres ajoutés. » Ce

* Avec Yuka, tous les sucres, qu'ils soient raffinés ou non, blancs ou roux, étaient rouges. Mais c'est fini. « C'était une bêtise, reconnaît Julie Chapon. Maintenant, le sucre, on ne le classe plus. » De fait, le sucre n'est pas un aliment en soi, c'est un additif que l'on ajoute, ou pas.

n'est pas le même niveau de transformation. Autre exemple, les desserts lactés vanille-caramel, me montre Aris Christodoulou sur un grand tableau : tous sont en C, selon Nutri-Score, alors que Siga différencie le riz au lait à la vanille de Michel et Augustin (classe 3), le riz au lait bio de marque Kerguillet (classe 5, car la vanille n'est plus qu'en extrait), la crème aux œufs Bonne Maman (présence de fécules, d'où le renvoi en classe 6), le riz au lait Auchan (une vilaine classe 8 à cause d'un colorant et de deux émulsifiants) et, le pire, le risotto vanille-caramel de la marque pourtant réputée La Laitière, classe 9 à cause d'un sirop de glucose-fructose, de deux arômes, d'un colorant et de deux émulsifiants. Tous les riz au lait sont des produits laitiers transformés ou ultra-transformés, mais il en existe de qualité. Anthony Fardet prend le relais de son président. « On part du principe que, de toute façon, chacun de nous en mange, des produits transformés. En consommer de temps en temps, ce pour quoi ils ont été créés, ne pose aucun problème pour la santé. Raison pour laquelle on sépare le pire du moins mauvais avec notre classification », afin que le client se fasse son propre jugement.

Le client est aidé par des médailles d'or et d'argent, pour chaque catégorie d'aliments. À partir d'une règle simple : plus il y a d'additifs, nonobstant les paramètres nutritionnels, plus c'est mauvais. Bio, ou pas. Les petits-beurre au gorgonzola de Michel et Augustin sont ainsi classés 6 (30/100 chez Yuka), mais médaillés d'argent. Il faut dire qu'il y a réellement du gorgonzola dedans (14 %), avec peu d'ingrédients. Le sucre de canne complet Alter Eco, classé tout rouge par Yuka, a la médaille d'or dans sa catégorie, classée 1. Le Nutella, ses équivalents bios et le Twix sont tout noirs, sans médailles, bien au fond de la classe 7. Idem chez Yuka. Bien que bio, fabriquée par l'excellente marque Léa Nature, Yuka-compatible (note de 100 sur 100) et Nutri-Score au top (niveau A), la compote de pomme saveur caramel est au fond de la classe 6, sans médaille pour se consoler. La faute à un ajout de sucre de canne et d'arômes naturels. Pourquoi ajouter du sucre à des fruits ? À l'inverse, la compote bio ananas-citron vert-mangue-pomme de la marque Éthiquable, qui ne comporte que des purées et des jus de fruits, est médaille d'or de sa catégorie, en classe 1. Pareil pour Yuka (100/100) et Nutri-Score (A). Ouf.

Reprenons

Les labels ne devraient en définitive servir qu'à une chose : nous obliger à nous interroger sur ce que nous mangeons. Car Nutri-Score, Yuka ou Siga ne suffisent pas à faire un plat.

Fardet et Christodoulou ont néanmoins inventé un outil promis à un bel avenir. Ils n'aiment pas l'industrie, dénoncent son approche réductionniste, pourtant, celle-ci vient les voir en raison même de la qualité intrinsèque de Siga. « On les aide à reformuler, à supprimer ou à remplacer ce qui ne va vraiment pas. » Au moment où je rencontre M. Christodoulou, il me fait une annonce : « À partir de septembre 2018, nous serons en partenariat avec Franprix et Biocoop. Nous aurons scanné et évalué la totalité de leur catalogue. Nous leur avons présenté cet outil, l'équipe qualité l'a utilisé, l'a présenté aux fournisseurs. Nous sommes arrivés avec de la science, ils nous ont répondu : "OK, vous évaluez tout ce qu'on a." » Franprix, vraiment ? Franprix !

Je prends rendez-vous avec François-Xavier Germain, directeur marketing et communication, et Coline Burland, la directrice de l'offre, qui confirme : « En effet, nous nous sommes associés avec Siga pour revoir nos assortiments et refondre nos produits à marque propre. Ce partenariat nous permet de clarifier comment sont faits nos produits. Nous sommes engagés dans une démarche de simplification des recettes. » Et pourquoi pas Nutri-Score ou Yuka ? « Parce que ces indicateurs sont uniquement nutritionnels et ne font pas la différence entre des produits en apparence semblables et pourtant de composition parfois très différente, comme le chocolat. » C'est vrai : un chocolat avec du beurre de cacao, c'est mieux qu'un autre avec de l'huile de palme et du sirop de glucose. Ainsi, Franprix a par exemple reformulé son pain d'épices figues raisins, passé de la classe 7 à la 4 après que sa liste d'additifs a été modifiée (mais pas la composition nutritionnelle, un peu alourdie). À terme, tout sera passé par le crible Siga. « Nous nous sommes aussi fixé un programme d'engagement, année après année, sur des ingrédients qu'on ne veut plus voir figurer, comme l'huile de palme, les colorants azoïques, le dioxyde de titane, certains édulcorants, les sirops de fructose-glucose, le sucre et les additifs dans les conserves de légumes. On a des fournisseurs qui butent, d'autres qui nous disent : "Vous n'êtes pas assez gros, on ne va pas s'embêter pour vous", d'autres, enfin, qui disent : "On veut travailler avec vous." »

Michel et Augustin fait partie de ceux-là. La maison née en février 2005 de l'amitié de deux copains d'école n'est pas inquiète. C'est un peu l'Apple du produit transformé, l'humour en plus. Une amitié, des écoles de commerce, et puis tout d'un coup cette question, qui finit par obséder : « Mais où est-elle bonne, la baguette, à Paris ? » Alors Michel de Rovira et Augustin Paluel-Marmont testent les 1 263 boulangeries de la capitale et publient en 2003 un guide de la baguette, qui reçoit son succès. Deux ans plus tard, ils se lancent dans la confection de sablés salés, dans la cuisine de l'un d'eux, histoire de voir pourquoi ceux du commerce sont si écœurants. Ils se demandent, comme ils le racontent sur leur site, pourquoi « il faut un prix Nobel de chimie pour décrypter les étiquettes des biscuits », pourquoi « les marques racontent des salades et font sortir les grands-mères des placards », enfin, pourquoi « les prix payés au producteur sont tirés plus bas que le plancher des vaches et la qualité abandonnée au bord du chemin »... Ils réussissent à faire plein de sablés avec de bons ingrédients. Ce n'est pas difficile : de la farine, du beurre, du parmesan, et vous sortez du four des sablés parfaits pour l'apéro. Vous pouvez faire pareil avec du poivron rouge, à la place du fromage. C'est sans fin, la recette des sablés salés.

C'est ensuite pour Michel et Augustin l'ère du porte-à-porte. Les deux apprentis cuistots placent difficilement leurs petits sachets chez l'épicier arabe, le cordonnier du quartier, le pressing. C'est dur, mais la demande augmente, un boulanger prête un jour son four. Les pros du secteur rigolent, leur prédisant un avenir inexistant, car comment voulez-vous, jeunes gens, percer face aux Big Six ? Eh bien… avec un yaourt à boire, la « vache à boire ». Même démarche : le yaourt à boire du supermarché est trop sucré, or Michel et Augustin en boivent beaucoup (j'ai connu cette période, à la trentaine). Alors ils achètent une yaourtière, du lait, des fruits, du sucre et font des tests. Cela fait, ils emplissent des bouteilles qu'ils donnent aux journalistes lors d'une conférence de presse de Franck Riboud, l'alors patron de Danone. On est en 2006. Michel et Augustin font des pubs en se déguisant en vaches. Du « street marketing ». La marque est lancée.

Je me rends au siège pour rencontrer la directrice produits, à Boulogne-Billancourt. Le bâtiment, en coin de rue, s'appelle la Bananeraie. Peut-être parce que chacun ici affiche la banane. Tout le monde est jeune, beau, gentil, accueillant. Pas de chichis quand je me présente, il faut dire qu'avec ma trottinette, mes cheveux pas coiffés et ma barbe qui commence à faire des bouclettes, je ne dépareille pas. Sur les murs, il y a plein de messages rigolos qui racontent la vie de la maison. On est loin des habituels panneaux d'informations du comité d'entreprise et des syndicats. Les points d'exclamation ponctuent des messages directs, souvent au second degré, composés dans une typo ronde. Les employés se mettent en scène avec des poses d'autodérision. Il y a des appels pour passer des nuits à la belle étoile, et le rappel que la prochaine « boire une vache avec » se fera avec le mathématicien et député Cédric Villani.

Dorothée de Cabissole me reçoit dans une salle vitrée, avec plein de petits paquets posés sur la table, au cas où je voudrais goûter. « J'étais avant chez Intermarché, où je développais des recettes, et j'ai été débauchée. » Ancienne d'une école de commerce, est-il besoin de le préciser, Mme de Cabissole me fait remarquer, voyant mon moyen de locomotion, que ses patrons se déplacent en skate. « Comme eux, j'ai passé mon CAP de pâtisserie, c'est d'ailleurs le cas de près de la moitié des employés. » Est-ce ce qui explique les listes d'ingrédients plus courtes de la marque ? « Chez nous, l'idée est vraiment de faire des trucs joyeux, au sens où plaisir et alimentation sont indissociables. Et pour cela, il faut des choses simples. » C'est tout. Ce qui veut dire ne pas vendre au rabais, car quand on fait simple et goûteux, on a des coûts, c'est tout le paradoxe de l'alimentation industrielle. « Par exemple, les sablés salés. Quand la marque les a créés, elle ne les assumait pas, car notre territoire d'expression, c'était le sucré. Je me suis demandé comment avoir une démarche de qualité plus forte. Et on est repartis des recettes de base, qu'on peut reproduire à la maison, du goût des choses. » Notamment de celui des fromages, dont Mme la directrice se dit très grosse consommatrice – ce qui n'altère pas sa silhouette. « On s'est dit : on va faire uniquement avec des fromages en AOP, et c'est ainsi qu'est né le petit sablé au Beaufort, en 2014, la recette à mon sens la mieux réussie – et c'est une de nos meilleures ventes. » Pourquoi s'embêter avec les AOP ? « Un besoin de dire que dans nos sablés il y a du vrai fromage ; on en met d'ailleurs de 5 à 20 %, c'est beaucoup. » Et c'est rassurant : le client n'est pas trompé, il ne va pas manger un Curly *au goût fromage*. Cela dit, même avec du bon fromage, il faut bien en passer par les procédés industriels, qui ne sont jamais aimables avec les matières premières. « Ce n'est pas simple, il est vrai, on n'y arrive pas toujours. Et encore, pour ces produits-là, ce n'est pas si compliqué. On s'est aperçus sur certains fromages qu'on avait beau en rajouter, cela n'avait pas d'impact sur le goût. Et surtout, que la cuisson est le facteur limitant. Regardez chez vous : quand vous sortez des sablés du four, c'est super, mais deux-trois heures après, c'est plus tout à fait le même goût. En fait, la cuisson fait perdre beaucoup. On a donc ajusté au mieux. »

Le produit le plus difficile à modifier a été le yaourt à boire. Mal classé par tous les indicateurs, car c'est un produit laitier ultra-transformé, il partait des abysses nutritionnels. « Né en 2006, c'était déjà du lait entier et des vrais fruits. Mais aussi des additifs, parce qu'on ne savait pas faire autrement pour garantir la microbiologie du produit. Je me suis demandé comment aller plus loin, pour être le plus proche de la saveur du fruit. Bref, comment faire en sorte qu'il ne soit pas matraqué par la cuisson. » Il existe des standards de cuisson, pour les produits laitiers, qui garantissent l'innocuité du produit, mais ne font pas bon ménage avec les propriétés organoleptiques des fruits. « Au bout d'un an et demi, on y est arrivés : on a mis plus de fruits, on a travaillé sur des mélanges avec nos préparateurs, sur les barèmes de cuisson, et on a réussi à supprimer les additifs permettant la conservation en changeant le process de l'embouteillage. » Les bouteilles sont hygiénisées, pas le produit. « Cela réduit la durée limite de vente, évidemment, cela donne aussi un produit moins stable, au sens où il peut évoluer en couleur et "se phaser" : le yaourt à boire finit par n'être plus homogène, avec des couches l'une sur l'autre. » Il suffit de mélanger, et hop. En 2014, le sorbate (conservateur) a été supprimé, en 2016, les arômes sont passés à la trappe.

À en croire Mme de Cabissole, Michel et Augustin font tout bien. Le couple de skaters ne devrait donc pas trop avoir peur du Nutri-Score. « On n'est pas pour, même si c'est bien pour les gens qui savent peu de choses sur l'alimentation. Je connais le sujet, car j'avais travaillé chez Intermarché sur le Nutripass », l'ancêtre développé par la marque. Il existe toujours, ce code, sur des produits de la marque au chapeau de mousquetaire : juste trois indicateurs – acides gras, sel, sucre, avec trois couleurs (rouge, jaune et vert) pour indiquer si l'apport du produit en ces trois composants est trop, moyennement ou peu élevé par rapport aux besoins caloriques journaliers. Réductionniste et invérifiable, car propriété d'Intermarché, cet indicateur « nous a au moins permis de regarder vraiment la composition de nos produits, qu'on a souvent reformulés ». Et le Nutri-Score, maintenant ? « C'est vrai que c'est basique : dire c'est vert vous pouvez manger, c'est rouge, faut pas, c'est quand même trop simple. C'est réducteur. » Comme le Nutripass. Et Yuka alors ? « Ce n'est pas parfait, car il y a des petits problèmes d'estampillage, notamment sur le sucre. Et puis tous les additifs ne sont pas mauvais. La poudre à lever ? On ne peut pas faire sans ! Et elle n'est pas toxique. »

Michel et Augustin ont été précurseur en matière de composition des produits. Il lui reste, me dit Dorothée de Cabissole, à réduire le sel et le sucre. « Il nous faut aussi mieux travailler avec les producteurs. » Mais que voulez-vous dire ? Que vous ne rémunérez pas tant que cela les producteurs de beaufort et de comté de vos sablés ? Pourtant, il y en a, du fromage, dedans, et ce n'est pas bon marché. « On peut encore progresser... Au moins, connaître. Pour le lancement du produit beaufort, on est allés traire des vaches. » !? « Oui, Delphine, la cheffe produits salés, est allée traire des vaches. » Mais est-ce qu'il faut aller tâter le pis pour comprendre qu'un paysan doit être bien rémunéré ? « Non, mais on comprend mieux le métier, on humanise la relation. On ne veut pas perdre ce sens-là, que l'industrie agroalimentaire et la grande distribution ont perdu. »

J'emporte deux-trois bricoles pour goûter. C'est bon, moins excitant mais moins écœurant que le tout-venant, cela reste très sucré ou très salé, parce que cela reste des produits ultra-transformés. Mais ça passe, parce que j'ai vu une marque qui démontre depuis une quinzaine d'années qu'on peut faire produire des aliments dignes par des industriels, qui fabriquent peut-être des cochonneries pour d'autres marques, cela dit.

Une évolution vertueuse, c'est possible ?

Octobre 2018, sur le quai de la gare de Caudry, après une conférence de trois heures sur notre système alimentaire, depuis la bouche jusqu'au paysage. La salle de cinéma était pleine, 300 personnes, il y avait même des gens sur les marches. Il y a quelques années, même avec une annonce identique dans *La Voix du Nord*, cela n'aurait attiré que très peu de monde. Et me voilà à attendre mon train pour Saint-Quentin, le directeur général de Franprix au téléphone. Après avoir commencé par l'inévitable « Nous sommes un groupe responsable, etc. », Jean-Paul Mochet est direct, il va à l'essentiel : « En presque soixante ans, on a standardisé l'offre en magasins, on a standardisé l'alimentation. On l'a transformée de façon de plus en plus compliquée et on lui a ajouté des ingrédients de plus en plus contestés. » Je laisse passer un train de marchandises avant d'embrayer sur Siga. Pour le directeur général de l'enseigne urbaine de proximité, le partenariat est cohérent avec ce qu'il vient de me dire : « On voulait comprendre quel pouvait être l'impact d'un fort taux de transformation sur la santé. Cela nous a fait voir la réalité de nos produits, et voilà : nous sommes en train d'en reformuler beaucoup. D'ici la fin de l'année 2019, nous n'aurons plus de produits ultra-transformés, au moins les C3 (9) selon le classement Siga. » Pour les fournisseurs, c'est compliqué, mais, en bon grand distributeur, certes tout petit, M. Mochet me rappelle que c'est lui le donneur d'ordres. « Après, il faut dire que ça leur coûte, parfois même il leur faut changer les process, et en plus, avec moins d'additifs, certains produits ont une durée de vie en rayons plus faible. » Ces nouveaux produits Siga-compatibles seront-ils donc plus chers dans les rayons de Franprix ? M. le directeur général tourne autour du pot : « Il faut voir qu'il y a un vrai changement aujourd'hui : le client regarde le produit, et ensuite le prix. Je refuse l'idée de vendre, comme certains de mes concurrents, une brique de lait au prix d'une cigarette. » Je comprends que des prix vont augmenter. Comment faire admettre au client que c'est pour la bonne cause ? « Il y aura un étiquetage spécifique, un signalement sur des applications pour smartphones, vers la fin de l'année 2019. Mais on ne dira rien tant qu'on n'aura pas fait notre grand ménage des additifs et des mauvais produits. Pas comme certains... » Je subodore que M. Mochet considère la grande campagne de Super U de bannissement de cent additifs dans les produits de ses fournisseurs comme du *greenwashing*. Il est vrai que, parmi ces cent-là, soixante-trois ne sont pas autorisés en France. De là à suggérer que c'est du pipeau, non, quand même. « On monte en qualité, on ne veut plus de mauvais produits. On signe des partenariats avec des producteurs de lait [de la coopérative Cantaveylot], par exemple, à qui on paie plus cher la tonne, et que l'on contractualise pour qu'ils puissent travailler correctement. Qu'ils puissent partir en vacances ! » Mon train apparaît à l'horizon, du côté de Cambrai. Jean-Paul Mochet m'en apprend une bien bonne : « On fera en 2019 une annonce sur le miel. On ne veut plus de miels adultérés dans nos rayons. On est pour cela en train de développer un outil nous assurant de la traçabilité, pour qu'on soit bien certains que nos miels sont vraiment des miels, et français. Mais la technologie est balbutiante, c'est compliqué », et très cher. Pour fini, M. Mochet m'invite à aller chez Fleury Michon, « partenaire naturel ».

J'y vais ! Grâce à l'aide de Laurent Desnouhes, directeur

du centre permanent d'initiatives pour l'environnement Sèvre-et-Bocage en Vendée, me voilà sur une grand-rue grise traversée par une voie ferrée. À gauche, face à un immense bâtiment, un bistrot apparaît sur un terrain poussiéreux. Il pourrait servir à une séquence, dans un film américain, où des *working class poors* se raconteraient leur divorce en écoutant du Springsteen. Poussant la porte qui grince, je m'attends à voir des casquettes de base-ball et des santiags, je me retrouve avec des cadres à notebooks qui boivent du café. Hommes et femmes. Il y en a beaucoup. Après le café, ils commandent des eaux pétillantes, je dois être le seul à avoir goûté une bière du coin, dont le nom m'échappe aujourd'hui. Ils travaillent dans une série de bâtiments d'âges différents, dont une ancienne chapelle où, au début du XXe siècle, les ouvriers de cette entreprise familiale étaient tenus d'entendre la messe. Rebâti, l'accueil vaste et aéré donne à voir l'entreprise à travers des photos de son passé, de ses chefs et de ses éleveurs.

L'« animateur du projet d'entreprise et du dialogue avec les publics » vient me chercher. Après un labyrinthe qui fait se succéder plusieurs générations de bâtiments, il me reçoit dans un bureau aéré donnant sur un couloir lumineux. Barbu, lunetté, la chemise ajustée et le cheveu gris bouclant au sommet du crâne, Éric Coly a en charge le programme Manger mieux, lancé en 2017, en même temps que la gamme bio de Fleury Michon, ses plats préparés avec moins d'additifs et son programme d'aide à l'installation d'éleveurs de cochons bios en France.

Fleury serait-il donc à prendre au sérieux ? « On veut

aider les hommes à manger mieux chaque jour, car on s'adresse à tout le monde », me dit d'emblée M. Coly, assis sur un mange-debout. Cette phrase définitive ne mange pas de pain. L'entreprise agroalimentaire a tout de même retiré un jour de son catalogue les lardons et les saucisses snacks, qui n'étaient plus stratégiques, et « abîmaient notre image de qualité », me glisse presque en chuchotant mon interlocuteur. Les lardons sont revenus. Plus prosaïquement, ces cochonneries ne faisaient plus que les fonds de rayon. Or il n'y a que les nouveaux produits qui font progresser les ventes globales des grands magasins. D'où le besoin permanent qu'a la grande distribution de se voir proposer de nouveaux produits, qu'elle paie dans un premier temps à un tarif décent – c'est ensuite que ça se gâte. La nouveauté, par les temps qui courent, c'est l'aliment qui rassure parce qu'on sait d'où il vient. « Fin 2014, avec l'affaire Findus, on a pris conscience qu'on était associés au problème, et pas à la solution. Manger mieux, ça vient de cette réflexion. » Il fallait bien tranquilliser le mangeur, et occuper le nouveau créneau des produits « avec du sens » que seraient les produits sans, dont le marché augmente chaque année. Sans parler du bio, aux ventes exponentielles depuis cinq ans. « On y croit beaucoup, mais comme l'essentiel du porc bio est élevé au Danemark, on développe une filière française. Ce sera long, car aujourd'hui, à peine 1 % des porcs français sont en itinéraire bio. » Éric Coly imagine qu'en 2020, son entreprise en sera à 20 %. Courageux. Pour trouver des moyens d'accélérer les choses, Fleury Michon a rencontré l'Agence bio, qui représente les professionnels du secteur, aux côtés des chambres d'agriculture et de la direction régionale de l'agriculture, bras armé local du ministère. D'autres industriels et quelques enseignes de la grande distribution ont fait de même. « Il y a des freins économiques et culturels chez les éleveurs pour passer au bio. On leur propose une contractualisation pour les aider à passer le cap. » En clair, l'entreprise familiale, qui n'a jamais quitté la Vendée, aimerait créer une filière de porc bio 100 % française. Beau projet, qui apporterait un peu de cohérence, car si l'actuel porc danois est bio, on ne peut pas dire qu'il incarne la philosophie de *la* bio, dont un des piliers est de produire local. En attendant, la firme de La Meilleraie-Tilay fait cuire ses jambons à basse température, à l'étouffée, dans des bouillons secret-défense composés avec des légumes… bios, achetés à des producteurs du coin.

À lire l'histoire de la maison et à écouter ses cadres, ainsi que quelques-uns de ses fournisseurs, Manger mieux apparaît comme une démarche cohérente. Depuis une dizaine d'années, Fleury coupe – un peu – dans le sel du jambon, dans le sucre du surimi, dans les additifs des plats préparés depuis plus longtemps encore. L'entreprise se risque à une autre gageure, le bien-être animal. Se passer de la castration à vif des porcelets, du meulage des dents et de la coupe de la queue paraît être un minimum vers lequel Fleury Michon a juré de s'engager en cocréant l'association Ferme France.

Cette nouvelle arrivée sur la scène écolo-concernée, créée en 2017, propose, devinez quoi ?, un nouveau label à coller sur des produits forcément meilleurs que les autres. Son objectif est de « créer et promouvoir un étiquetage d'évaluation de la qualité sociétale globale des produits issus de la production agricole », entre autres. La maison vendéenne a fondé Ferme France avec Sodebo, Auchan, la coopérative Ad Vitam et une autre coopérative, Terrena, qui possède aussi bien Père Dodu que les poulets fermiers Label rouge d'Ancenis. On n'est pas spécialement dans la gastronomie. Les hypers U, la coopérative laitière Sodiaal (l'autre Lactalis, si vous vous souvenez) et la Fédération nationale des producteurs de lait (FNPL) sont adhérents, ce qui nous rassure moyennement, sous le regard a priori sévère de l'Ademe, de l'Inra et, tiens, de l'association Bleu Blanc Cœur. L'intention de cette affaire-là est de valoriser les filières évaluant production, transformation, distribution, commercialisation de chaque produit, grâce à des indicateurs « objectifs, coconstruits et facilement auditables utilisant une échelle à 6 points permettant à chaque acteur de prioriser ses engagements, de se différencier et d'organiser l'amélioration progressive de sa performance sociétale ». Un label de plus, un brin léger pour ce qu'on en connaît, qui signale au moins la fébrilité des industriels face à un marché en manque de confiance.

Entreprise familiale fondée en 1905, Fleury Michon a la chance de conserver une bonne image auprès du grand public. En Vendée, elle est excellente. 3 500 de ses 3 800 employés sont basés en France, 3 000 en Vendée. Des employés du pays, des agriculteurs-fournisseurs de légumes installés à moins de 30 kilomètres, des éleveurs que la maison aimerait voir passer en bio, des produits qu'elle veut élever en gamme... Fleury Michon tente depuis la Vendée de louvoyer entre les contradictions du public, le monde agricole coincé dans l'idéologie productiviste et des concurrents pour qui seul le prix compte. Nous verrons.

En attendant, à nous d'aider par nos achats les industriels qui travaillent correctement et honnêtement. Boycottons ce que nous ne voulons plus voir. Accordons encore notre confiance, mais à bon escient !

5.

Et maintenant, que vais-je faire ?

Cultiver mon jardin ?

Jadis, il y avait autour des usines des jardins ouvriers, autour des églises des jardins de curé, autour des gares des jardins de cheminots, et un peu partout en ville des carrés de jardins bêchés, plantés, jolis. Passé de mode, le potager revient, adoubé par les plus grandes autorités morales et intellectuelles de ce pays telle Anne Hidalgo, qui aimerait en multiplier partout, sur les toits et dans les cours d'immeubles et d'écoles, afin que ses administrés parisiens mangent correctement. La tomate urbaine, c'est tellement signifiant dans le marketing des grandes villes de la planète.

Mais ne soyons pas taquins, le mouvement maraîcher est bien plus que la mode de l'agriculture urbaine. Il va plus loin, plus profond, c'est un mouvement de fond. Christophe Noiseux, observateur de tout ce qui se passe en Auvergne depuis vingt-sept ans de sa quotidienne « H2O » sur France Bleu Pays d'Auvergne, est catégorique : « En Auvergne, il y a une tendance à la création de potagers.

Les jeunes générations s'y mettent sérieusement, soit à travers des espaces disponibles chez eux, soit par le biais de jardins partagés, fermes urbaines, jardins associatifs, jardins dans des écoles et des facs... La volonté étant de manger sain sans se ruiner et de cultiver, au-delà des légumes, le sens du partage. » Partage ? Oui. Ils et elles ont envie de ne faire les courses qu'exceptionnellement, en tentant de vivre de leur sol, mais aussi – voire surtout – de partager des connaissances, des méthodes, des convictions, des expériences de vie. « Il y a un rejet de l'agriculture conventionnelle et un rejet des fruits et légumes vendus par la grande distribution. Le mouvement est amplifié par l'existence de structures associatives et de jardins pédagogiques qui font se rencontrer les gens et permettent la naissance d'initiatives locales et collectives. Il y a chaque année des visites et portes ouvertes organisées par les centres permanents d'initiatives pour l'environnement à travers l'action nationale "Bienvenue dans mon jardin au naturel" ; et d'autres initiatives du même genre sont organisées par des syndicats de gestion de l'eau, ou encore des associations d'éducation à l'environnement. » Pas d'irrationalité, du concret, un besoin. Les gens viennent au potager non pas après être allés chez Botanic acheter des plants de tomates, mais à la suite d'une réflexion. « Ils se sont frottés à la terre, aux légumes, à l'alimentation ou au jardinage, et en arrivent presque naturellement à la culture à la maison », constate Christophe.

Même son de cloche non loin de celle de l'église de Saint-Genès-Champanelle. Dans ce village installé à 800 et quelques mètres d'altitude au sud-ouest de Clermont-Ferrand, un homme tout mince, coiffé de quelques cheveux blond clair qui, de loin, lui donnent une allure albinos, fait du jardinage depuis toujours. C'est son métier. Officiellement jardinier, Yves Benoît est une autorité locale passée maître dans l'art de faire pousser un radis avec un peu de terre et trois gouttes d'eau. « Un vrai sage, pour Christophe Noiseux, qui sait de quoi il parle, lui qui a invité plein de sages médiatiques dans son studio. Plus qu'un jardinier, c'est un chercheur, pas du tout dogmatique : sans cesse il se remet en cause, il se contredit, il avance. »

« Il y a un repli des gens, c'est évident, ils ont de moins en moins confiance envers les trusts de l'agroalimentaire. De plus en plus de personnes reviennent vers les jardins », commence-t-il tout de go. Monté sur pile, Yves Benoît attend la visite d'un groupe de gamins. Il s'occupe du jardin de la ville, installé en contrebas de la route qui traverse le hameau de Theix, géré par le centre permanent d'initiatives pour l'environnement Clermont-Dôme. Yves est jardinier-formateur. « L'autre changement, c'est que les urbains, les néoruraux, viennent avec d'autres exigences que celles de leurs père et mère : la première chose, c'est contrecarrer la malbouffe, et plus encore, quand les gens deviennent parents, ils ont une conscience qui s'éveille. Et puis, me semble-t-il, il y a un besoin de réenchantement qui passe par ce contact avec la terre. » Depuis dix-huit ans, Yves forme les hommes et les femmes, de tous âges, de toutes conditions. « C'est mon jardin, c'est celui de tout le monde, de la ville, j'ai du mal à faire la séparation. À l'instar de Jean Giono, je considère que ma vie c'est aussi mon travail. C'est un potager municipal, un jardin pédagogique… »

Le sens du compost

Si vous vous sentez prêt à vous mettre à cultiver votre jardin, vous croiserez fatalement la route de la permaculture. Potager, faire son jardin, ça fait un peu vieux. Tandis que « faire de la permaculture » !… Mais qu'est-ce que c'est ?

Au téléphone, je sens Yves Benoît sollicité par le bruit du vent. Il hume le temps pour alimenter ses sens. « J'ai eu la chance de bien connaître Emilia Hazelip, qui a introduit la permaculture en France. À cette époque, quand je parlais du sujet, j'avais 5 personnes, aujourd'hui, c'est 150 personnes dans la salle ! » Popularisée par les petits Colibris de Pierre Rabhi, la permaculture est à la mode chez les écolos urbains qui, après avoir essayé tous les régimes, aspirent à tout contrôler. Une forme de saint graal, promesse d'une manne divine qui plus est sans effort, car il est dit que la permaculture, c'est cultiver sans rien faire. « C'est vrai ! J'en ai vu, des gens pensaient qu'il suffisait de balancer des graines et d'attendre six mois. En fait, il y a eu dans les milieux marginaux une première vague qui est retombée, car c'était utopiste. Mais depuis cinq à six ans, les gens viennent pour de bonnes raisons, et surtout, ils veulent comprendre. Du coup, ils se laissent avoir par des opportunistes qui n'ont jamais eu de terre sous la semelle et qui leur vendent des stages de week-end pour très cher. »

J'ai un jour tenté de définir ce qu'est la permaculture sur le plateau d'une émission de télévision, face à Pierre Rabhi lui-même, son invité d'honneur. Étonnant de voir à quel point un petit homme chétif, chiffonné, tout droit sorti d'un documentaire sur la France paysanne d'avant-guerre, avec sa chemise à carreaux et ses sandales, peut en imposer. Phrases creuses, poncifs, Pierre Rabhi ne prend pourtant pas de risques, il ne révolutionne pas plus que Stéphane Hessel : il est indigné, sans plus, car il se contente de la parabole du colibri pour faire croire que seul l'individu peut agir, et qu'ainsi, chacun faisant sa part, le monde changera. Il oublie toujours de raconter la fin de la légende amérindienne : en dépit des gouttes d'eau plus petites qu'eux que les oiseaux bombardent sur les flammes, l'incendie ne s'arrête pas. Dans une société libérale, l'individu est tenu pour responsable de ses actes. S'il est obèse ou chômeur, c'est de sa faute, alors si l'environnement va mal, c'est qu'il a sa part de responsabilité ; il doit donc changer son comportement, et tout ira bien. Le marché se régule tout seul, la société change d'elle-même, il y a comme une main invisible qui corrige les erreurs. Pas très révolutionnaire tout cela, au contraire : puisque seul l'individu compte, il n'y a pas à se préoccuper du rôle éminent de l'État, de l'Europe, des collectivités et des structures sociales traditionnelles dans les questions alimentaires et écologiques. L'individu est au cœur du changement, mais, je l'ai déjà dit, il décide sous l'influence de son environnement.

Pierre Rabhi, peut-être dépassé par la cour de parasites qui parlent à sa place et ont transformé sa pensée en bouillie spiritualiste et sa personne en sage officiel de la République, était presque recroquevillé sur sa chaise haute. Il m'écoutait d'un œil, acquiesçait tout de même. C'est quoi, la permaculture ? Eh bien, monsieur Rabhi, c'est du bon sens. C'est une évidence : cultiver avec le soleil, dont on fait profiter au maximum les plantes, et en abîmant le moins possible le sol. En fait, en n'y touchant quasiment pas. On le griffe pour ne pas perdre sa matière organique, on l'enrichit avec du compost ou du fumier, on le couvre de paillage pour en conserver l'eau. On le couvre tout le temps, toute l'année pour ne jamais le laisser nu face aux éléments. Mais cela n'interdit ni les engins mécaniques ni les traitements chimiques, oublie-t-on toujours de dire… Pierre Rabhi n'a pas moufté. J'attaquais un peu en avançant que la permaculture ne sauverait pas l'humanité, car elle ne peut se pratiquer que sur de petites surfaces. Pour la simple raison qu'elle n'est vraiment rentable, financièrement, humainement et écologiquement, que sur quelques ares : la clé, c'est de cultiver au mieux de ce que le sol peut fournir avec le maximum de soin et de productivité, sans perdre d'espace ni de temps de culture. De l'écologiquement intensif, comme disent les agronomes. Une très petite surface, donc, que l'on démultiplie dans le volume en cultivant beaucoup sur andains, sur des levées de terre. C'est ça, le truc ! On fait des fractales, on applique la logique de la haie et des récifs coralliens : à deux dimensions, ce n'est pas grand-chose, à trois, c'est gigantesque. La butte a aussi l'avantage de permettre la culture étagée, chaque plante profitant de l'autre, l'une sur l'autre, l'une des autres, et toutes profitent à parts égales du même soleil. Yves Benoît, qui l'admire, me corrige : « La permaculture, ce n'est pas seulement des buttes ! C'est la permanence de la culture. Pour que le sol ait une dynamique, pour que la vie puisse s'y dérouler, il faut qu'à aucun moment il ne devienne un désert. Donc, l'essentiel du travail consiste à planter des cultures entre les cultures. J'ai envie d'appeler cela culture de succession, culture d'anticipation, car on a déjà prévu, au moment où une culture va quitter le sol, l'installation d'une autre. » Lui n'utilise aucun intrant chimique, alors que d'autres n'hésitent pas sur le glyphosate.

Pierre Rabhi est honnête. Il admet volontiers qu'on ne sauvera pas le monde en faisant son jardin, et que la permaculture fonctionne grâce aux bras. C'est une agriculture très consommatrice de sueur et de lombaires, qui n'est ainsi rentable que sur les petites surfaces ou, sur les plus grandes, au moyen d'une main-d'œuvre gratuite de bénévoles ou subventionnée de personnes en réinsertion. Elle n'est donc pas comparable à l'agroécologie, dont elle fait partie, qui concerne la production commerciale de produits alimentaires. Bien conduite, celle-ci peut nourrir une famille avec entre 40 et 100 mètres carrés de potager et quelques poules. En ville, c'est compliqué.

Bref, si vous croisez des zélateurs de la permaculture, surtout avec force stages hors de prix et discours un peu tirés par les cheveux, passez votre chemin. Faire son potager, c'est juste planter des graines dans une terre couverte, c'est arroser et ne jamais pulvériser. Le reste, c'est du bla-bla.

De même, oubliez l'idée de ne plus jamais aller faire vos courses. Faire pousser des légumes soi-même a en fait un tout autre intérêt. Yves Benoît le constate tous les jours : « Somme toute, avant d'être des humains, on est des terriens. Le fait de travailler avec cette matière première fait qu'existentiellement on se sent beaucoup plus à sa place. On n'est plus hors-sol, c'est un aveu de confiance en la nature. » C'est la raison pour laquelle le travail de la terre est un formidable moyen de réinsertion pour les naufragés de la vie et tous ceux et celles qui, chaque année plus nombreux dans les centres de formation agricoles, veulent retrouver du sens à leur existence tournée vers les placements financiers. Retour aux origines. J'ai eu maintes fois l'occasion de le constater, comme en juin 2017 lors d'une visite sur le terrain de l'Association d'insertion par l'entretien du Marais poitevin. Ce dernier passe par la mise en culture de terres en bordure de la Sèvre niortaise, dans le hameau de Saint-Liguaire absorbé par l'agglomération de Niort. Une quarantaine de perdus, anciens taulards, ex-alcooliques, clochards, chômeurs à vie travaillent à la main, sans produits chimiques. Le jour où je passe les voir en compagnie du président de l'association, Sébastien Dugleux, le nuage est rare, la terre est sèche. Désherbés à la main, les rangs de légumes sembleraient laissés à l'abandon à un observateur pressé. Perpendiculaires à la rive, ils mènent le regard aux peupliers qui ombragent la rivière. La responsable est une femme qui fait partie de ces gens dont l'autorité est incontestable, naturelle. C'est la pause, qu'elle partage avec quelques-uns de ses stagiaires sous un arbre avachi. Les visages sont des idéogrammes, j'y lis des souffrances particulières. Les dents, les élocutions, le langage sont les porte-parole de manques, de carences, de brisures. J'interroge, j'écoute, toutes et tous me disent que cela leur fait du bien de suer, de se faire mal, de planter et, enfin, quelle satisfaction !, de récolter ce qu'ils ont vu grandir. « C'est valorisant », me dit simplement une femme à l'âge mystérieux. Je laisse le temps passer, on repart. Les nuages sont arrivés. Un an après, me revient cette phrase d'un homme tout maigre, qui fumait : « Vous savez c'est quoi, ma fierté ? C'est qu'aujourd'hui, je porte les caisses de légumes chez Pôle Emploi, qui est un de nos clients, alors qu'avant, j'y passais ma vie à attendre. »

Mon vieux copain Jacques Thomas, ingénieur écologue comme moi, qui connaît les zones humides comme personne, m'invite à penser un peu plus large. Pourquoi même des gens sans penchant écolo ni rébellion sociale se mettent-ils, de plus en plus nombreux, à tâter du compost ? « Il n'y a pas de volonté de vivre en autarcie, me dit-il, mais d'adhérer au principe du DIY. » Jacques, dans le Tarn, on ne parle pas par borborygmes ! « *Do it yourself* ! Il y a comme une nécessité de se réapproprier les techniques, de faire soi-même pour s'ancrer dans le réel et arrêter de consommer et de vivre par procuration, en déléguant toujours tout à d'autres. Le DIY ressemble finalement au volet moderne des naturalistes du XIXe siècle, avec des gens qui veulent comprendre leur monde en pratiquant. » Merci, Jacques.

Retrouver le goût de la confiance

Le grand toxicologue Jean-François Narbonne m'a dit un jour que « les jardins, voulus par le patronat pour éviter que ses ouvriers n'aillent au bistrot, se sont révélés une façon de dépolluer les sols en passant par l'estomac des travailleurs ». Le légume prend ce qu'il y a dans la terre et dans l'air, et fait avec. Selon la variété, il accumule tel ou tel métal ou autre polluant. Vous la pensez bio parce que vous ne la traitez pas, la carotte de votre potacon (contraction de potager + balcon inventée par l'humoriste Caroline Vigneaux dans un sketch à faire dans sa culotte) ? Eh bien, elle n'en est pas moins potentiellement toxique !

Prudence, donc, là encore. Parce que, là aussi, il s'agit de comprendre, de bien comprendre ce qu'on fait. Les tomates que vos voisins vous donnent l'été, directement issues de leur jardin, ont peut-être reçu autant de pesticides qu'un champ de maïs. Attention au sol, toujours. Si nous souhaitons retrouver un peu de confiance, à toutes les occasions où nous nous nourrissons et nourrissons nos proches – parce que avec de la confiance, ce qu'on mange a vraiment meilleur goût –, sans doute faut-il commencer par là : comprendre la situation dans laquelle nous nous trouvons, pour mieux agir – en réfléchissant aux moyens concrets d'améliorer sa façon de faire ses courses, en court-circuitant, en cuisinant, en partageant. Voyons cela.

En fait, il est judicieux de commencer par se demander où aller faire ses courses, avant de s'interroger sur ce qu'on achète (ou de se laisser guider par des envies subites, qui nous portent souvent vers l'ultra-transformé du supermarché). Repérez marchés, petits commerces et producteurs fiables près de chez vous, allez-y comme vous le feriez pour le supermarché (une fois par semaine ou quand vous le sentez) et, si possible, achetez-y tout le frais – fruits, légumes, viande, poisson, fromage, voire beurre, crème –, mais aussi le miel, l'huile, les olives... L'idéal, c'est d'associer les courses à la cuisine : dans un premier temps, plus vous aurez en tête d'idées de ce que vous allez faire à manger, moins vous achèterez de produits ultra-transformés. Votre liste de courses en grande surface va vraiment diminuer. Dans la seconde phase, avec la confiance en vous enfin revenue, vous achèterez en frais ce que vous trouverez, selon la saison et les arrivages, et vous ferez avec. L'essence même de la cuisine : faire avec ce qu'on a ! Voilà, j'ai eu mes épinards, qui n'étaient pas chers, comment je les cuis ? Dès lors, vous ne cuisinerez plus en pensant au temps que cela vous prend. Et si vraiment vous n'avez pas le temps, faites au plus simple, instinctivement, en n'oubliant jamais trois règles : un produit frais, moins il est cuit, plus il est riche en oligo-éléments ; une soupe, ça ne prend que le temps de l'ébullition ; un plat mijoté, une fois que c'est fait, ça cuit des heures et c'est encore meilleur deux jours après. Il n'est pas interdit non plus de revenir à des évidences parfois oubliées : par exemple, un dessert, ça peut être un fruit – surtout s'il a été bien choisi, qu'il est donc bon, de saison, mûr à point, donc fort de saveurs sucrées. Est-il cabossé ? On en fait une compote !

Vous allez me dire que c'est facile pour moi qui connais bien le système alimentaire. Détrompez-vous ! J'ai mis du temps à trouver le bon équilibre entre le plaisir de manger et l'impératif de ne pas mal manger. Ma grand-mère maternelle faisait cuire ses soles dans tant de beurre que j'avais l'impression, tout gamin, qu'elles nageaient encore ! C'est mon autre grand-mère qui m'a fait découvrir le goût par son sauté de bœuf au jus et gratin de macaronis, et m'a appris, un peu, à faire à manger (des desserts). Mais c'est surtout avec la mère de mes enfants, qui m'interdisait pourtant de l'aider en cuisine, que j'ai découvert, par observation, ce qu'est la cuisine, un bon produit et l'art d'en exprimer le meilleur. Depuis notre séparation, je fais à manger pour mes enfants. Je peux donc vous décrire ma semaine de courses. Immersion dans une situation concrète. Le contexte : famille recomposée, six personnes à nourrir du dimanche soir au mercredi matin, plus un week-end sur deux. Je fais les courses, je fais à manger car j'aime cela, ça me détend, c'est mon devoir et je suis un père poule (mais ferme).

Dimanche : jour de marché à Brunoy (91). Je vais et je viens entre les étals, j'arbitre, selon le prix et la provenance, entre le primeur bio et un des trois « conventionnels ». À provenance équivalente, si l'écart de prix n'est pas trop important entre le produit bio et son équivalent conventionnel, j'opte pour le bio. Et toujours, de saison, car c'est moins cher, et en accord avec nos besoins physiologiques. Quelques écarts tout de même, car j'adore les poivrons (super riches en vitamines) en toute saison et mes enfants mangent des bananes. J'achète souvent un peu plus pour faire des soupes, que je congèle. Il m'arrive d'aller chez le producteur (en agriculture raisonnée, c'est-à-dire qu'il traite moins que la moyenne, bon, mais je ne sais pas comment il s'occupe de ses sols). Ensuite, fromager (tout au lait cru) une fois tous les quinze jours, où je prends aussi parfois le beurre et la crème. Puis volailler (poulet jaune Label rouge ou un autre d'un petit élevage, moitié plus cher, ça dépend de combien on est) ; je ne prends jamais de blancs ou de cuisses (deux fois plus chers au kilo). Je termine par la charcutière, solution de repli idéale quand on est nombreux ou qu'on est en manque de sous : le porc, c'est pas cher. Un filet mignon, un jambonneau, un rôti, un petit salé, ça nourrit les grosses tablées sans se ruiner. Le porc est-il bien élevé ? Ça m'étonnerait, car, en général, le cochon n'est pas bien traité, mais la charcutière connaît son producteur, alors je lui fais confiance. Quand nous ne sommes que deux, poissonnier. Je vais chez le petit, qui travaille en direct avec un pêcheur du Guilvinec (29), et quelques autres de Grand-Fort-Philippe (62). Il connaît son métier, le poisson est très frais, il le découpe bien, et ne prend pas son client pour un âne. Avec tout cela, et parce que j'ai rencontré tout Brunoy, j'en ai pour une bonne heure. Le midi, quand on a les enfants, c'est souvent poulet, rôti de porc ou barbecue (saucisses, merguez et brochettes achetées à la charcuterie du marché ou chez le traiteur), parce que pas trop chers à la portion.

En fin d'après-midi, je fais à manger pour la tribu. L'alliée idéale est la cocotte en fonte, qui permet de cuire avec moins d'énergie, de fournir une chaleur mieux répartie et qui dure longtemps après que le gaz a été coupé. Vive le mijotage ! Je n'utilise pas d'ustensiles en Téflon, plutôt des casseroles et des poêles en inox, que j'huile avant usage. Quand je n'ai pas le courage, je fais des pizzas… maison. La machine à pain me fait la pâte, j'étale, je mets quelques minutes au four pour qu'elle sèche un peu, j'étale ensuite des « tomates pelées au jus » bios broyées avec de l'ail, du citron et de l'origan, je remets au four, je sors, je jette dessus ce que mes enfants me demandent, une dernière minute au four, un filet d'huile d'olive, re-origan avant de servir et hop ! À peine 3 euros la pizza. Le soir, je mets mon pain en route.

Le lundi matin, la maison sent bon. Je sors le pain chaud de la machine et le coupe au gros couteau dentelé. Nutella ou pâte à tartiner bio hors de prix, beurre salé cru ou labellisé, confiture bio, lait frais, avec ou sans chocolat (poudre de chocolat noir). Jus d'orange frais, on a un presse-agrumes puissant et lourd, c'est ce qu'il faut. Le midi, je mange les restes de la veille. Le goûter ? Le pain qui reste et une baguette (au levain) de la boulangerie d'à côté, avec du chocolat Côte d'Or (ma madeleine de Proust). Le soir, c'est légumes, mijotés la veille, par exemple cuits dans le bouillon fait avec la carcasse du poulet, agrémentés ou non des restes de viande ou de poisson du dimanche, en purée (ça cale), simplement poêlés, ou bien sous forme de coulis, servis avec du riz, ou des pâtes (le coulis de courgettes ou de poivrons, parfait avec les fusillis). En hiver, beaucoup de gratins (chou-fleur) et de soupes (butternut, ma préférée car elle est sucrée. Avec une pointe de cannelle, les enfants en reprennent).

Mardi matin, idem. À midi, j'ai le choix : restes de dimanche ou d'hier ? Le soir, à nouveau un plat largement composé de légumes. Quand je sens que ça va râler, j'ajoute des lardons, que je coupe moi-même dans la poitrine fumée du charcutier, l'astuce marche toujours. Il peut m'arriver d'aller à la boucherie.

Mercredi midi, relâche. Le soir, le jeu est de découvrir au dernier moment ce qui reste et de faire avec... Avant, apéro avec des cochonneries de Michel et Augustin ou les chips Tyrells. Et un coup de pinard ou une bière bios ou « naturels », à condition qu'ils me plaisent en bouche.

Le jeudi, il n'y a plus grand-chose, alors un peu de courses chez le primeur dans la rue, à la boucherie et/ou au Monoprix. C'est le deuxième jour de la semaine où on mange un peu de viande. Sinon, Corinne craque. Vendredi : voir à jeudi.

Le samedi, deux cas de figure : ou bien nous sommes seuls et c'est pâtes à... rien, ou bien les enfants sont là, et c'est pareil, ou avec un steak haché saignant du boucher. Ou le jambon du traiteur, gris, donc sans nitrites, bien qu'il ne le dise pas. Ensuite, après France Inter, une fois par mois, on fait les grosses courses (à Intermarché). Aucun plat préparé, quelques légumes surgelés bios, des paquets de biscuits, du chocolat, des trucs pour l'apéro, des glaces. Ni soda, ni ketchup, ni mayonnaise, que de la moutarde. Parfois de la viande, car le boucher d'Intermarché travaille correctement. L'huile ? Toujours vierge, « première pression à froid », bio si possible. Le soir, s'il y a les enfants, grosse bouffe, souvent viandarde. Parfois, c'est des frites, à la friteuse de bistrot.

Deux bains, bien entendu. Glaces, bonbons, parce que film sur grand écran.

En dessert, toute la semaine, c'est fruits de saison – locaux et/ou bios, pour ne pas avoir à éplucher – bananes, et/ou laitages, sélectionnés selon leur liste d'ingrédients, la plus courte possible (voir p. 151).

Dimanche matin, je retourne au marché. Bilan : viande trois fois par semaine, très rarement deux fois dans la même journée. Poisson une fois, parce qu'à six, ce serait une ruine. Une majorité de légumes de saison, que des produits frais, plus pâtes, riz, blé, lentilles, mogettes ou cocos de Paimpol achetés en magasin et parfois chez mon maraîcher. Cuisson au beurre (souvent de la fromagère) et huile d'olive mélangés. Avant de faire à manger, je demande aux enfants ce qu'ils ont mangé à la cantine… et s'ils ont vraiment mangé. Je cuisine beaucoup avec oignon, échalote, ail, aromates, épices. Pas de jus à table ni de sodas. De l'eau du robinet, parce qu'il est complètement idiot d'acheter de l'eau contaminée par des molécules de plastique, qui coûte mille fois plus cher au litre.

Cuisiner, j'insiste, c'est l'art d'utiliser les restes : en fin de semaine, amusez-vous à bricoler avec ce qui traîne dans le frigo et l'armoire, il en sortira forcément quelque chose de nouveau, ne serait-ce qu'une sauce. Jetez le moins possible. Avec ce qui reste, vous ferez votre fin de semaine : avec la carcasse du poulet, un bouillon, avec les fruits qui s'abîment, une compote, etc. Salez peu, seulement en fin de cuisson ; amusez-vous avec épices et aromates, vous aurez moins besoin de mettre du sel. Sucrez au minimum, et jamais les fruits… Ne suivez aucun régime, n'écoutez aucun nutritionniste. Mais partez faire vos courses avec en tête qu'il vaut mieux continuer à manger comme Cro-Magnon : 70 % de fruits, légumes, graines, fromages, 15 % de viandes, lait et charcuteries, 15 % de produits transformés (disons, des produits sucrés). Et le gras, c'est bon ! Par contre, le sucre…

Si vous faites toutes vos courses au supermarché, le bio, c'est toujours mieux que le non-bio. Même s'il vient d'Espagne. Le risque, c'est qu'il n'ait aucun goût, que les fruits et les légumes, toujours emballés de façon industrielle, soient pourris une fois sortis de leur barquette, ne mûrissent jamais – et aussi qu'ils aient été cueillis et conditionnés par des quasi-esclaves. Le bio venu de très loin n'a aucun intérêt pour les produits frais (car le voyage implique de cueillir et récolter avant maturité, alors que c'est à maturité que les fruits et légumes présentent toutes leurs vertus). Et les produits transformés bios restent… des produits transformés, même si leurs listes d'ingrédients sont plus courtes. Plus on mange varié, plus on mange frais, plus on réduit les risques liés aux différents toxiques éventuellement présents. Même au supermarché, achetez de saison. Essayez de choisir les produits labellisés, en particulier AB, Label rouge et AOC, contrôlés, territoriaux et en général goûteux. Essayez d'acheter des produits français, car ils ont moins voyagé… Et fuyez les hypermarchés, vraiment. Lisez *Que choisir* et *60 millions de consommateurs*, utilisez Yuka.

Viande ?

La viande a des désavantages sérieux pour l'environnement et le corps humain, c'est pourquoi elle fait partie des aliments à limiter, mais il n'est pas question de culpabiliser quand on en mange. Limiter – et pas proscrire, c'est ce que j'ai vu très intelligemment recommandé au dernier salon Slow Food, à Turin. Je vous y emmène.

Ce mouvement citoyen, « qui défend la vision d'un monde où nous avons tous accès à des aliments bénéfiques pour nous-mêmes, pour ceux qui les produisent, mais aussi pour la planète », ainsi que me le rappelle Paola Nano, une de ses attachées de presse, rassemble plus d'un million de personnes de tous bords, étudiants, cuisiniers, experts (il paraît que j'en suis un), agriculteurs, pêcheurs, universitaires, jeunes, vieux, gros, maigres, végétariens, femmes au foyer dans plus de 160 pays. Né dans les années 1980 de l'appétit de gourmets piémontais qui s'angoissaient pour leurs traditions régionales et défendaient un rythme de vie lent propice à la gastronomie ; emmené par le ventre et le gosier inspirés de Carlo Petrini, le mouvement a mijoté quelques années jusqu'à devenir Slow Food en 1986, quand il s'est opposé à l'installation d'un McDo au centre de Rome. Il se structure en 1989 à Paris, par la publication d'un manifeste et, depuis lors, il a gagné le monde. Mais que défend Slow Food ? C'est devant son logo géant en forme d'escargot que son fondateur me l'avait expliqué un jour de 2014, tandis que je m'apprêtais à parler du lien entre sols et qualité de la nourriture à Bra, ville proche de Turin, d'où tout est parti. Chauve, barbe poivre et sel, Carlo a des allures de Sean Connery. Son charisme donne envie de manger. « L'alimentation, ce sont des liens forts entre l'assiette, la planète, et nous tous, individus, mais aussi avec la culture et la politique. Chaque citoyen devrait avoir accès à une nourriture bonne pour lui, pour le paysan qui l'a produite et aussi pour la planète. Nous nous opposons à la standardisation des produits et du goût, en promouvant les petits producteurs, les artisans, les gens qui travaillent proprement et préservent traditions, paysages et goût. » Cette année-là, Carlo Petrini, qui depuis ne peut plus avancer dans « son » salon sans ministres et militaires médaillés, n'était pas content, car il n'arrivait pas à s'implanter en France. Il est vrai que chez nous, le poids de la gastronomie est tel « que même les McDo s'appellent restaurants, il n'y a que chez vous ! ». C'est en effet une réalité bien française : chez nous, on se rend chez McDo en famille, et, autour d'une table, à l'heure du déjeuner ou du dîner, on vous sert des burgers qui n'existent dans aucun autre McDo à l'étranger. Aujourd'hui, sans McDo, des éleveurs de races à viande auraient d'ailleurs du mal à vivre. « Mais faites attention, vous ne pourrez peut-être pas vous défendre longtemps, car vos traditions se perdent… »

Certes. Mais venons-en à la viande. Tous les deux ans, Slow Food fait un grand raoût à Turin, le Terra Madre Salone del Gusto. En 2018, invité à participer à deux débats, l'un sur l'avenir du bio, l'autre tentant de répondre à la question « L'agriculture est-elle possible sans élevage ? », j'en visitais les stands en compagnie de Paola et d'une consœur américaine multilingue, Carla Capalbo. C'est gigantesque. Et curieux. Car ce n'est ni agricole comme le Salon de Paris, ni lourdement militant comme n'importe quel salon bio, ni froid comme un salon professionnel de gastronomie. Pas de revendications agressives, de mantras pénibles, d'injonctions infantiles, seulement les affiches du salon. Et encore : ce sont des mains levées tenant des épis qui saluent, l'une, tout de même, est fermée en un poing dressé refermé sur une fourchette. Verte, la fourchette. À propos de la viande, ce sont quelques slogans : « *Mangia animali che abbiano mangiato bene !* », « *Considera la carne comme un contorno alle verdure, o un cibo per occasioni speciali !* » : mangez des animaux qui ont eux-mêmes bien mangé, qui ont été bien traités ; mangez de la viande en accompagnement des légumes ou pour des occasions spéciales. Plutôt que de vous interdire d'en manger, on vous explique les mérites de la diminution de la fréquence et des portions, la nécessité de la qualité et celle d'une bonne cuisson, que vous pouvez expérimenter dans des ateliers. Cela saute aux yeux, une fois que c'est dit comme cela, quand on n'est pas pris pour des idiots.

La viande est un produit noble, qui se respecte, parce qu'un animal est mort, alors cuisinez-la bien, en prenant conseil, et mangez-la à plusieurs ; manger de la viande devrait toujours être une fête. Demandez à votre boucher, y compris au supermarché, d'où elle vient, de quelle race, de quel producteur. S'il ne sait pas, allez ailleurs. Un bon boucher découpe lui-même ses carcasses, il ne se contente pas d'ouvrir des caissettes. En semaine, essayez de n'en manger que deux à trois fois, en inversant les choses : ce sera elle, l'accompagnement.

Et les produits transformés alors ?

Les spécialistes réunis à l'Assemblée dans le cadre de la commission d'enquête de 2018 y sont allés franchement. François Mariotti, professeur à AgroParisTech et président du comité d'experts « nutrition humaine » de l'Agence nationale de sécurité sanitaire de l'alimentation, de l'environnement et du travail : « Il faut mettre en place une autorisation préalable de mise sur le marché des additifs alimentaires » (comme pour les médicaments, alors que ces ingrédients sont autorisés sur la base d'un dossier de toxicité aiguë de 90 jours sur le rat selon le principe « Jusqu'à présent, il n'y a pas de preuve d'effet indésirable »…). Sylvie Bortoli, ingénieure de recherche à l'université Paris-Descartes : « La recherche a besoin que les données des dossiers toxicologiques constitués par les industriels soient accessibles » ; alors qu'elles sont protégées par le secret industriel, les chercheurs réclament qu'elles alimentent une base de données publique. Karine Jacquemart, de Foodwatch France : « Il faut que les codes de chaque secteur le soient également » ; il existe un code de fabrication du nugget, du saucisson, de la soupe… élaboré par les industriels, les autorités doivent pouvoir s'y référer pour contrôler ! Olivier Andrault, de l'UFC-Que choisir, qui a publié en octobre 2018 une vaste enquête sur le sujet, recommandait quant à lui d'« encadrer le marketing en réservant le *prime time* entre 19 heures et 21 heures 30, c'est-à-dire une tranche horaire où les enfants sont nombreux devant la télévision, aux produits présentant un intérêt nutritionnel ». Mais cette demande est sans cesse refusée par le CSA et les chaînes, y compris publiques, qui ne veulent pas fâcher les annonceurs. Enfin, Vincent Réquillart, professeur à la Toulouse School of Economics, directeur de recherches à l'Institut national de recherche agronomique, a eu l'idée de « taxes croissantes en fonction de la teneur en nutriments dont on souhaite limiter la consommation », à l'image de la taxe sur le sucre introduite en France au 1er juillet 2018.

« J'ajoute à tout cela des emballages complètement neutres, sans images, peut-être sans marques, avec de vraies informations nutritionnelles », rêve Laurent Chevallier qui a sans doute oublié qu'en vacances, d'où je l'avais sorti pour lui poser des questions, l'esprit peut s'envoler vers des mondes parallèles où ni le principe de réalité ni la loi de la gravitation universelle n'ont cours. C'est vrai que ce serait amusant, des hamburgers surgelés vendus comme le tabac chez le buraliste, sous des emballages présentant des obèses coincés dans leur fauteuil et des diabétiques amputés d'une jambe.

En septembre 2018, la commission d'enquête de l'Assemblée nationale sur l'alimentation industrielle a rendu son rapport. De nombreux journaux, dont *Le Monde* du 26 septembre 2018, se sont fait l'écho d'une volonté nouvelle d'« inciter le secteur agroalimentaire à mettre moins de sel, de gras, de sucre et d'additifs dans ses produits, et éduquer les enfants à bien manger». Ce ne sont encore que des propositions : « Mettre en place une stratégie visant à faire évoluer les pratiques industrielles d'emploi des additifs dans les aliments transformés et ultra-transformés, de manière à tendre, d'ici à 2025, à l'emploi des seuls additifs autorisés dans l'alimentation bio au nombre de 48 (dont seulement 4 d'origine chimique) contre 338 autorisés au total. » « Instaurer une limitation quantitative du nombre d'additifs utilisables dans un même produit alimentaire. Actuellement, certains produits sont fabriqués avec parfois plusieurs dizaines d'ingrédients, dont de très nombreux additifs simultanément. Cette proposition vise à réduire l'emploi des additifs à un seul par catégorie au sens de l'arrêté du 2 octobre 1997. » « Rendre obligatoire l'étiquetage de la proportion globale d'additifs entrant dans la composition des produits alimentaires transformés et ultra-transformés. » Les industriels sont aussi invités à réduire la teneur en contaminants issus du contact entre aliments et emballages.

Assurément, les députés n'ont pas été favorablement impressionnés par les industriels. Ils ne l'ont pas plus été, à l'automne 2018, par la grande distribution : la loi sur l'alimentation votée le 2 octobre 2018 limite les promotions et interdit aux supermarchés de vendre au-dessous du prix de revient des agriculteurs. Très incomplète, elle marque néanmoins un tournant : aujourd'hui, la grande distribution ne fait plus peur aux politiques. Seule une enseigne a marqué son mécontentement. Devinez laquelle ? Leclerc.

En attendant un changement significatif, restons prudents. Titillés par les scandales, le recul des ventes, les questionnements de la représentation nationale, les critiques d'ONG telles que Foodwatch, UFC-Que choisir, *60 millions de consommateurs*, et les nouveaux venus que sont Yuka et Siga, les industriels font profil bas. En espérant ne pas changer grand-chose à leur façon de faire. De fait, les procédés industriels sont faits pour bouger le moins possible : on peut modifier un paramètre, repenser la totalité obligerait à changer de chaînes de production, voire d'usines. Voilà pourquoi, entre autres, « les industriels s'accrochent mordicus à leurs paradigmes anciens », comme l'explique Anthony Fardet, qui n'hésitait pas à admettre devant les députés de la commission de M. Prud'homme que « fractionner et recombiner les ingrédients participe d'un besoin créatif de l'homme ». Historiquement, l'industriel est un formulateur. Il prend ceci, le mélange avec cela, et change sa recette pour relancer les ventes. Prenons l'exemple des nitrites, décrypté par Laurent Chevallier : « Ils ont mauvaise réputation, car ils se transforment en nitrosamines, cancérigènes. Eh bien, dans le jambon, il y a un moyen simple de les neutraliser : en ajoutant des ascorbates. Et finalement, ça peut aller, si on n'en avale pas souvent. Mais puisqu'on n'en veut plus, des nitrites, on a des produits sans nitrites sur le marché. Ils sont tout aussi roses, parce qu'on a cuit les jambons avec des légumes riches en nitrates (betterave, céleri, par exemple), en présence d'un ferment qui transforme ceux-ci en nitrites. » Ce n'est pas beau, ça ? Les industriels ont réponse à tout.

Les accompagner à moins transformer, c'est ce qu'espère faire Anthony Fardet avec son outil Siga. En attendant les progrès tangibles, pour leur envoyer le bon message, le temps est venu – on l'a vu – de ne plus acheter qu'exceptionnellement leurs produits les plus transformés, pas utiles à notre alimentation, tout en l'étant, parfois, à notre plaisir. Comment les reconnaître ? Je vous rappelle quatre règles simples.

Premièrement, ces produits sont suremballés, archimarketés, et de composition souvent compliquée.

Deuxièmement, la liste de leurs ingrédients est interminable, écrite en tout petit et positionnée dans les soudures de l'emballage : invisible, donc, comme c'est étrange !

Troisièmement, les ingrédients principaux, qui sont les premiers dans la liste, n'ont parfois qu'un rapport lointain avec l'idée que vous vous faites du produit.

Enfin, la liste comporte plein de produits que vous ne connaissez pas.

Plus c'est compliqué, plus c'est louche, pas besoin d'avoir fait cinq ans d'études comme moi pour le comprendre ! L'autre test est celui de la dégustation. Si la sensation de plaisir est immédiate, mais qu'après avoir vidé le paquet, vous avez encore faim, vous pouvez être sûr que c'était un produit ultra-transformé. La bouche un peu écœurée, vous comprenez alors la perversité humiliante de ces faux aliments, qui satisfont immédiatement et frustrent aussitôt : ils chatouillent notre cerveau limbique, la partie primitive de notre encéphale qui réagit à la moindre calorie, à la première molécule de sucre parce que notre espèce a été sélectionnée pour survivre à la disette. Ces produits ultra-riches, pauvres en fibres, minéraux et autres nutriments, proposés en portions énormes, nous condamnent en outre à les acheter sans cesse, parce que la publicité à la télévision et ailleurs nous fait croire que grâce à eux tout est mieux, et parce qu'ils contiennent ce qui favorise l'addiction alimentaire : le sucre, le gras, le sel. Le sucre, surtout, agit sur le cerveau d'une façon comparable à la morphine. « Ce sont aussi des produits de récompense, que les parents urbains les moins aisés offrent à leurs enfants, parce qu'ils en ont marre de les frustrer tout le temps », ajoute à ma réflexion Estelle Masson depuis son bureau de l'université de Bretagne occidentale.

Des produits, qui plus est, à la TVA bien plus élevée que les produits frais… Avec ces « plaisirs accessibles » que brandissent sous notre nez les super- et hypermarchés, selon le joli mot de Mme Masson, l'industrie et la grande distribution nous font les poches, et nous nous laissons faire, souvent par ignorance. Parce qu'il y a malheureusement une déculturation effrayante. Il serait temps d'introduire l'instruction alimentaire à l'école, afin que la bonne bouffe ne soit pas l'apanage des gens éduqués, qui ont vécu dans le produit frais toute leur vie, à la campagne ou parce que leurs parents avaient de l'argent, ou ont su dépasser par leur réflexion le stade reptilien de la satisfaction immédiate, pour accéder à une dimension supérieure, sensorielle, organoleptique de l'alimentation. Le bon, ce n'est pas que le flash envoyé par les papilles emplies de sel ; c'est plus subtil, plus lent, il faut savoir attendre, il faut apprendre. Aujourd'hui, seuls les gens ayant les compétences culturelles héritées ou acquises ont la capacité de bien choisir, de bien cuisiner, de bien manger. Aux autres la frustration de n'être jamais satisfaits. Un vrai scandale, alimenté par l'industrie agroalimentaire.

Qui connaît le fonctionnement du cerveau. L'humeur générale, nous le savons tous, influence grandement le comportement alimentaire, d'autant que se nourrir est fondamentalement lié, depuis la naissance, à la relation avec la mère, le père, la nounou. En mangeant, on incorpore aussi des symboles, et on devient ce que l'on mange. Ou comment, sur un mode fantasmatique, l'on fait passer du dedans au dehors des objets, en l'occurrence de la nourriture, avec les qualités qu'on leur prête. À la fin, on peut s'identifier à ces objets, en assimilant un de leurs aspects, une de leurs propriétés. Je mange gras, je deviens gras, je suis gras. J'aime manger italien, je me mets à aimer l'Italie. Je ne mange que des végétaux, je suis un être de nature. J'aime la viande bleue, je suis quand même un peu chasseur. Je mange des plats industriels complexes, c'est que je suis astronaute ? À la fin, je suis moi-même incorporé dans ce que je mange. Je mange de la merde, c'est que j'en suis une. Et d'ailleurs, j'habite dans un endroit pourri. Décidément, je ne vaux rien.

Nous méritons mieux que des plats tout préparés, des paquets de biscuits immondes ! Achetez des produits transformés seulement pour ce à quoi ils sont destinés : quand on doit manger vite, quand on n'a vraiment pas le temps de préparer, quand on a un petit creux et qu'on ne peut pas s'attabler. Ou pour un plaisir bien régressif, comme ça, tout d'un coup… Moi aussi, quand je tombe sur un paquet de Haribo, je lui fais un sort en dix minutes. Ces produits ne devraient pas constituer l'essentiel d'un régime alimentaire. Vous comptez acheter ce produit transformé ? En regardant sa composition, demandez-vous si vous ne pourriez pas le faire vous-même… Une pizza par exemple ! Je vous assure, c'est simple. Lisez bien la liste des ingrédients : s'il y en a plus de six, remettez-le dans le rayon, à moins qu'il ne soit vraiment goûteux ! Car la majorité des plats normaux sont composés d'un maximum de six ingrédients. (C'est pareil pour les produits de nettoyage : pourquoi autant d'ingrédients dans un gel douche… par rapport à un simple savon ?) Évitez de manger des produits qui contiennent des ingrédients que vous ne connaissez pas, qui vous semblent mystérieux, que personne n'a jamais vu dans son armoire ou son frigo. Demandez-vous si votre mère ou votre grand-mère auraient mangé ce truc-là… Et, tant qu'à faire, rappelez-vous que votre mère et votre grand-mère cuisinaient avec des aliments qui étaient déjà digérés… par des bactéries ou des champignons, qu'aime beaucoup notre intestin, comme la choucroute, le fromage au lait cru (le pasteurisé, c'est vraiment pas du fromage !), les pickles, le pain au levain, la sauce soja (sans additifs !), le yaourt. Ah, le yaourt ! Ça se sait, maintenant : il y a yaourts et yaourts. Prenez-les nature, bruts, et sucrez ou aromatisez-les vous-même. Sinon, au secours.

Dernière chose sur les produits transformés : la plupart des additifs ne sont pas nocifs (individuellement, car on ne sait rien de la toxicité des additifs lorsqu'ils sont ingérés en même temps). Un quart sont problématiques. Fuyez les colorants azoïques, les benzoates, les nitrites et nitrates, l'acide borique, le BHA, les émulsifiants, le glutamate, les édulcorants intenses, les sels d'aluminium, les colorants, les caramels artificiels (E150), les sirops de glucose et de fructose et les phosphates. Dans le bio, on trouve malheureusement du nitrite de sodium (E250) et du nitrate de potassium (E252). Sauf dans les produits estampillés Déméter ou Nature et Progrès. Les phosphates de calcium inquiètent également les chercheurs. Vous voilà prévenus.

Moduler sa défiance

Du côté de la grande distribution, alimentée par l'industrie agroalimentaire, la défiance est vraiment de mise. Mais tout autant que de ce couple infernal, il s'agit de se méfier du réductionnisme, qui a déshabillé l'alimentation pour la résumer à la nutrition : à l'aune du tout-médical, l'aliment n'est plus qu'un contenu avec certaines quantités de lipides, protéines, glucides, vitamines, calories et minéraux. Il suffirait de marier les uns avec les autres pour respecter les seuils – numériques – de la bonne santé. Or, justement, l'aliment n'est pas une somme de nutriments. Tout dépend sous quelle forme ces nutriments sont apportés à l'organisme, et dans quel mode de vie ils s'intègrent. Aux antipodes du projet industriel, l'approche holistique que défendent mes interlocuteurs est celle du produit considéré dans un régime alimentaire et un mode de vie. C'est pourquoi il ne s'agit pas de renoncer radicalement à certains produits ou de ne plus mettre les pieds au supermarché. Du Nutella de temps en temps ne produit pas le même effet sur l'organisme d'un flexitarien que s'il est consommé à longueur de journée par un accro aux jeux vidéo. Un aliment industriel de temps en temps, consommé pour ce à quoi il devrait servir, c'est-à-dire en dépannage ou pour un plaisir immédiat, ce n'est pas bien nocif. Tout le temps, c'est une autre affaire. Le docteur Chevallier convoque le bon sens : « Il ne faut pas être manichéen, ni culpabiliser les gens, il faut tenir compte de la fréquence de consommation. » Et il y a des choses à savoir. Les sucres d'un miel pur ne sont pas du tout métabolisés à la même vitesse que ceux qui sont dilués dans un soda ! De même, les sucres lents de fusillis cuits *al dente* procureront la satiété plus rapidement que les mêmes cassés en morceaux dans les pâtes toutes molles d'un plat tout préparé, cuit en trois minutes, qui ne calmera pas la faim. Grignotage garanti. « Il faut toujours avoir à l'esprit l'usage qui est fait d'un aliment, à la place de quoi on le consomme et comment il s'intègre dans un régime global », résume Anthony Fardet.

Lui aussi se défend des réductions binaires : « Le problème du manichéisme, c'est qu'avec lui on ne fait que renforcer le camp adverse. Moi, je suis juste dans mon rôle de scientifique. Je suis très sévère, mais c'est la science qui est très sévère ! Ensuite, je discute, et, curieusement, les industriels que je cible m'écoutent. En tout cas, je n'ai aucun problème à discuter avec eux. » C'est encourageant !

« Je suis un adepte de la théorie de Peter Singer, poursuit-il, celle du tube de dentifrice : trouver le point faible du système, appuyer dessus jusqu'à ce que ça sorte, et à partir de là dialoguer avec tout le monde. Et puis les industriels sont très réactifs à l'évolution de l'opinion : si elle évolue, ils vont s'adapter ; or ils sentent que le consommateur veut aller vers plus de naturalité. La vocation d'une entreprise est de survivre, pas la philanthropie. Ils sentent bien que s'ils ne prennent pas le train en marche, ils seront peut-être morts dans dix ans. » Mes bons docteurs Dupagne et Chevallier abondent : ce qu'ils observent dans leurs consultations les mène à la même interprétation.

En attendant que l'offre des grandes surfaces ait réellement changé, achetons rarement au supermarché, et si possible en lisant les étiquettes, achetons le moins possible en hyper où l'on a le plus de risques de se laisser berner. En définitive, sachons acheter. Prenons ce qui est de qualité, même transformé (pas trop quand même), même au grand magasin, délaissons le reste. Mangez varié, le plus possible non transformé, le plus possible de haute qualité, beaucoup de fruits et de légumes, peu de viande, afin de chercher, toujours, le plaisir des sens et les valeurs humaines que faire à manger procure. Telle est ma devise. Et si l'on tient à s'en remettre aux médecins, respectons alors les bonnes ordonnances, comme celle du docteur Laure Copel, chef du service des soins palliatifs à l'hôpital des Diaconesses à Paris : « Limiter les sucres rapides, manger des produits frais, privilégier les circuits courts qui préservent leur qualité. Et surtout, Frédéric, n'oubliez pas que l'alimentation n'est pas un médicament ! Elle ne doit pas être néfaste, c'est tout ce qu'on lui demande. Elle doit rester un plaisir. » C'est un médecin habituée à voir les banquets que les familles offrent à leurs mourants qui vous le dit. De la naissance à la mort, manger est une façon de dire je t'aime.

Lentement, mais sûrement, se cultiver

La bonne bouffe, c'est culturel, et cela commence par observer les légumes, par savoir d'où ils viennent. C'est finalement assez simple. Un enfant qui a fait pousser une salade dans la cour de l'école s'étonnera que son père en achète une en sachet. Un petit urbain qui sera allé chez le poissonnier, juste pour voir, ne dira plus qu'on a coupé les nageoires au rectangle pané avant de le mettre dans l'assiette de la cantine.

L'alimentation nous doit plus que de protéger notre santé ; elle a un rôle primordial dans le bien-être animal, dans la qualité de l'environnement, mais aussi, en particulier en Europe et en Asie, dans le maintien de la diversité culturelle. Or les aliments standardisés comme les produits ultra-transformés, qui se répandent dans le monde entier et se substituent à l'alimentation traditionnelle, menacent la durabilité culturelle. Plus la population mondiale consommera ces aliments, plus les différentes dimensions de la durabilité seront menacées.

La même idée traverse le Terra Madre Salone del Gusto, à Turin. Dans ce salon géant où l'on donne des conférences en cuisinant, rien n'est dissocié. Manger est ici un acte citoyen, plus que militant, car on comprend, rien qu'à regarder, que le coup de fourchette peut aussi bien être une fauche de prairie qu'un déboisement à la machine, un excitant pour des gens qui travaillent en levant le nez comme un aiguillon pour les saccageurs. Ce que l'on met dans l'assiette, c'est un paysage, avec ses plantes, ses animaux et ses hommes. Ça peut aussi être rien, des champs uniformes immenses soumis aux mystères de l'industrie. Je mange, donc je suis – alors je me renseigne pour manger comme je veux être.

D'un stand à l'autre, on n'assène rien, on propose. On goûte. Guidé par Carla, je découvre le rkatsiteli, un vin géorgien maturé dans des jarres en argile (les *kvevris*) où, sans aucun doute, la vinification a été inventée en Europe il y a 8 000 ans, en compagnie d'un fromage de brebis dénommé guda, dur comme de la feta, troué comme un pain trop vite levé, salé comme la mer Morte, riche comme une prairie, qui avait eu le temps de s'affiner dans une peau de mouton retournée. J'avais l'impression d'être quelque part en Kakhétie, la région vinicole du pays, entre chrétienté et islam, entre mer Noire et mer Caspienne. Un peu plus loin, nous mangeons une explosion d'agneau mariné à la confiture de mangue, saisi à la plancha par le maître bengali des cuisines de l'Alfieri, bonne table familiale de Bra tenue par le Belge Grégoire d'Oultremont.

Et nous voilà maintenant au stand de la France, assez discret. Un chef basque dont j'ai mal noté le nom est en train de faire des ronds avec de la pâte à crêpe de farine de petit épeautre de Haute-Provence. Une fois cuite, il y place une cuillère de brousse du Rove, un fromage frais très très long en bouche issu des pis des chèvres très rustiques qui mangent le chêne kermès des calanques de Marseille. C'est léger, le mariage de deux adaptations à l'aridité, deux manières d'évoquer les côtes calcaires de l'arrière-pays méditerranéen. Une variété végétale et une race animale aux très faibles rendements et au travail difficile, qui par conséquent auraient pu disparaître, et que des agriculteurs, réunis en coopératives, ont su préserver. Quelle idée ! Parce qu'ils sont « bons, propres et justes », goûteux, traditionnels, territoriaux, identitaires, impossibles à produire en masse et en danger d'oubli ou de disparition, Slow Food a accueilli ces produits rares dans une « arche du goût », où l'on trouve une illustration de la biodiversité du bien-manger planétaire. 5 000 produits, répartis en 148 pays, dont 299 pour la France. On y trouve l'andouille d'Aire-sur-la-Lys, dins ch'Nord, la vache nantaise, le camembert de Normandie (fermier, au lait cru, cela va sans dire), mais pas le maroilles. Tiens, je vois le nom de M. Collard, le fermier de Somme-Tourbe du chapitre 3 : avec quelques autres éleveurs, il a sauvé la dinde rouge des Ardennes qui était dans les années 1980 à l'article de la disparition. Le cachottier, il ne me l'avait pas dit.

Vers un rêve d'alimentation en commun

C'est à travers deux exemples que j'apporte la dernière pierre à mon édifice alimentaire qui, je l'espère, sera aussi le vôtre. Une pierre sociale.

On l'a vu, bien se nourrir, c'est se prendre en main, certes, et c'est aussi bien être nourri : choisir des partenaires, en quelque sorte. Cela signifie qu'il faut consacrer un certain temps, d'abord, à choisir ses commerçants, ses fournisseurs, pour les courses, mais aussi à toutes les occasions où, soi-même et ses proches, on mange à l'extérieur. Chaque midi, en semaine, quand on ne déjeune pas chez soi, la question se pose – et il est important de faire des choix. Les bonnes adresses existent, aussi pour les boulangeries et les restaurants.

Quand on mange, et qu'on veut bien manger, on s'exprime et on agit vraiment. On crée des liens indispensables – on retisse, souvent –, on maintient des races et des variétés dans leur environnement, on fait durer des paysages, des pratiques, des paysans. En réalité, bien manger, c'est entretenir la dignité, la sienne, la nôtre, celle des paysans, des artisans et des industriels qui n'ont pas que le fric en tête, celle aussi des lieux où l'on vit. Celle des pauvres. Pourquoi devraient-ils mal manger sous prétexte qu'ils n'ont pas les moyens financiers ou culturels de bien manger ? Il faut casser ce cercle infernal qui les conduit à se mépriser parce qu'ils mangent des produits médiocres, qu'on leur donne parfois avec ce mépris dévastateur qu'est la pitié. À Lyon, un homme est parvenu à le faire, et c'est impressionnant. Je vous emmène chez lui.

Chaque morceau de comté porte un nom. L'huile d'olive ou la lessive coulent par des entonnoirs dans des bouteilles qui sortent des cabas et des caddies. Des sacs d'amandes, d'abricots secs et de dattes côtoient ceux de pâtes et de riz, de farines de blé, d'épeautre, de châtaigne et de maïs. Les compotes sont dans des bocaux, l'arabica se vend au kilo – il est recommandé de le boire accompagné de petits palets de chocolat noir à 55 %, vendus à moins de 8 euros le kilo. Ses pots sont bien disposés en rang, le miel est abondant, et son origine est certaine : de forêt, de montagne ou de sapin, il n'a pas été adultéré au sirop de sucre par les acheteurs de la grande distribution, qui aiment les grandes marges (par adultéré, il faut entendre falsifié : dont la pureté a été entachée – l'adultère, ça veut dire ça, eh oui !). Ici, dans ce lieu mal éclairé, peint à moindres frais, aux murs en crépi, sur des tables de cantine réunies en U, le savon est au lait de jument ou d'ânesse, le déodorant proposé seulement à la pierre d'alun. Tout est de qualité, cela se voit à la composition, tout est bio, ou presque. De plus, la plupart de ce qui se vend vient de tout près, c'est-à-dire d'ici jusqu'à l'Italie du Nord, à un jet de moraines (la purée de tomate en est, et elle est parfaite, m'a-t-on assuré).

Bio, local, le plus souvent les deux, bio et local : bio, sans intermédiaire entre le producteur et le distributeur. Le bio idéal. Est-on dans une épicerie de quartier pour bobos à ventre plat, intolérances alimentaires revendiquées sur le T-shirt et vélo électrique ? Un indice : sur une table, une farine s'affiche « locale en conversion », preuve qu'on ne se trouve pas chez Biocoop ou Naturéo. Dans ces chaînes spécialisées qui ne vendent que de l'estampillé AB, on est bio, après trois ans de conversion ; sinon, on n'existe pas. Second indice : les clients n'ont pas l'air d'être de ceux qui râlent contre le montant de leurs impôts, ils n'en paient pas. Ils ne ressemblent pas à des militants écolos habillés de fibres végétales, ni à des inquiets scrutant les étiquettes par peur d'être contaminés par un ingrédient malsain à la mode. Non, là où je suis, je ne vois pas les clients qu'on croise d'ordinaire dans les magasins bios, car ils sont pauvres et abîmés, ils vivent tous dans un « quartier sensible ».

Des pauvres qui achètent du bio local de haute qualité ? Oui, mesdames, messieurs, des pauvres, quelques hommes, des femmes surtout, des mémés qui n'ont pas une retraite suffisante, de jeunes mamans à l'air fatigué, des dames qui demandent un échantillon d'huile d'olive pour faire goûter au mari, qui, lui, sait. Et voici des pauvres qui ne regardent pas leurs chaussures en entrant, comme s'ils n'avaient pas honte de leur état. Même, ils plaisantent et prennent des nouvelles des bénévoles qui les accueillent...

Ils avaient commandé le mois d'avant en cochant sur une liste. Après avoir fait leur petit tour, ils font les comptes avec les bénévoles, et paient en espèces ou par chèque. Jamais d'impayés. Des nécessiteux qui achètent au prix le plus bas parmi un choix de produits écologiquement et diététiquement corrects, d'ordinaire accessibles aux classes moyennes supérieures des centres-villes, cela a quelque chose d'incongru. Mais dans quel miracle suis-je ?

C'est bon pour tout le monde

Au large de Lyon, haute mer de la misère ordinaire, à laquelle on accède à bout de tram et de bus. Vaulx-en-Velin : 47 000 habitants, dont un bon tiers de fauchés, deux tiers de logements sociaux. Ici, à l'occasion, on sait régler ses petits litiges comme à Marseille, à balles réelles et courses-poursuites en grosses voitures de marque allemande, jusque dans les écoles maternelles. Depuis la gare routière, on ne voit d'abord qu'une tour en verre, sorte d'exercice de style pour l'atelier architecture d'un hôpital psychiatrique. On dirait Massy-Palaiseau redessiné par Ceausescu. C'est tellement épouvantable que personne n'a osé dessiner au pied de cette horreur un vrai centre-ville, une place où, par exemple, on serait heureux de balancer du riz sur de jeunes mariés. Le centre-ville de Vaulx-en-Velin, 47 000 habitants je vous le rappelle, se compose en vérité de deux boulevards qui se croisent. Pas moche, il faut le reconnaître, bien réhabilité, mais c'est juste deux boulevards et quelques rues. Avec deux restos. C'est tout. L'urbaniste a été discret… Cette ville ne s'aime pas, c'est sûr, elle n'a pas voulu s'exposer aux regards par une place digne de son rang. Elle n'est pas fière de sa misère, elle a honte de sa mairie, elle lui tourne même le dos pour regarder l'espace infini, car dans ce néant urbanistique, il y a un planétarium. De forme indescriptible, clos de grillages, il a été comme posé sur un terrain vague alors que la ville manque de centres sociaux (on en compte trois), de librairies (il y en a deux), de bibliothèques (quatre), de verdure et de restaurants autres que ces insultes à la qualité de l'air que sont les kebabs et les burgers. Si je résume, ici, à quarante minutes du centre de Lyon, la moitié de la population vit dans des quartiers reconnus comme « prioritaires dans le cadre de la politique nationale de la ville », travaillés en profondeur par un impressionnant réseau associatif, et n'a accès, en dehors de chez elle, qu'à la malbouffe de trottoir, qui agresse le nez et viole l'estomac.

Sauf dans les centres de distribution de l'association Vrac (Vers un réseau d'achat en commun), comme celui du centre social du Grand-Vire où je viens de vous emmener, que supervise une grande gueule de 65 ans, Marie-Noëlle Prieur-Saut. Cette forte femme est aussi une forte tête. « Les gens viennent ici parce qu'ils n'ont pas d'argent. Et encore, pour Vaulx-en-Velin, c'est le haut de gamme, ici ! Petites retraites, petits revenus, mais ailleurs, c'est pire. Ils viennent ici pour les prix, la diversité des produits et le relationnel. » Pour beaucoup, la sortie mensuelle chez Vrac est une des rares occasions de parler à des gens. Un peu comme le facteur, quand il y avait encore des facteurs qui avaient le droit de poser le pied par terre. « Le bio ? Les gens s'en foutent. Ce qui leur importe, c'est que ce soit de bons produits. » Comment peuvent-ils en être sûrs ? « Parce qu'ils nous font confiance : savoir qu'on a choisi nous-mêmes nos produits leur suffit. » Souriante, drôle, bavarde et attachante, Marie-Noëlle soigne un passé très douloureux en aidant les gens, sans les obliger ni les tancer. Ni transfert ni projection, une sorte de sublimation. Marie-Noëlle ferait une excellente moniale si elle était plus sage. Elle se propose, les gens disposent. « Moi j'ai 850 euros de retraite, mon logement est payé, ça va. Mais même les Amap, j'ai dû arrêter, car à 12 ou 15 euros le panier, je ne m'en sortais plus. Et puis on nous impose des légumes. Au bout d'un moment, les choux, hein… » Dans ce quartier, les mômes sont livrés à eux-mêmes, à 10 ans beaucoup traînent dans les rues, le soir. Autres cultures, autres parentalités. Le diabète et l'obésité les rattrapent plus vite que les travailleurs sociaux et la police nationale. C'est ce qui scandalise Boris Tavernier, le fondateur de Vrac : « Pourquoi, quand on est pauvre, on devrait manger mal ? Pourquoi les bons produits ne devraient-ils être qu'aux mains des gens qui ont des sous ? Je ne comprends pas. » Pour ce beau gosse aux yeux très bleus qui sourient en même temps que ses lèvres, c'est-à-dire tout le temps, à des gens qui n'ont pas le sou, il est possible de distribuer en direct des produits de grande qualité, achetés au prix le plus bas, sans léser les producteurs.

C'est une question de confiance

Créé en 2015, le groupement d'achat a plus que quintuplé son chiffre d'affaires. La formule est aussi simple que celle du shampoing bio posé à côté de moi sur la table : achat en grandes quantités, réduction des coûts intermédiaires par la priorité donnée aux circuits courts, diminution des coûts superflus par la limitation des emballages, et vente à prix coûtant, sans aucune marge (l'association ne vit que sur les subventions, de fondations et de bailleurs sociaux, pour l'essentiel). « Notre but est tout aussi élémentaire. Il est à la fois de donner l'occasion d'acheter des produits bios et locaux à des prix accessibles, mais aussi de lutter contre l'isolement social, l'obésité et le diabète. » Les produits, Boris les choisit en allant voir les producteurs qu'il tente de convaincre ; il y arrive presque toujours. C'est lui qui m'a conduit chez son meunier, dans l'Ain, qui lui fournit cette fameuse farine « en conversion bio » à un prix inférieur à celui d'une farine conventionnelle (voir p. 101). « Il faut qu'on s'entende sur la même éthique. Après, c'est une affaire d'hommes et de femmes. Le courant passe, ou ne passe pas. On avait 31 références en janvier 2016, on en est à plus de 100 aujourd'hui. Et ce sont maintenant des producteurs qui nous contactent. » Pas de produits frais, mis à part le beurre, le fromage et le pain, car fruits et légumes exigeraient un stockage au froid et une logistique importante qui risqueraient de rompre le modèle économique.

Une mère et sa fille, assises sur un plot de ciment à l'extérieur du centre social, me racontent leur passé sentant bon le potager familial sur lequel elles ont longtemps vécu. Elles avaient même trop, elles donnaient aux voisins. Il est difficile de les distinguer, tant la vie a l'air de s'être gravée dans leur peau de la même façon. Qui est jeune, qui est vieille ? Le malheur est égalitaire. Le bio ? « C'est juste que ça n'a pas été pulvérisé, mais avec ce qui tombe du ciel, hein, avec la pollution de l'air ? L'air, il n'est pas bio ! » Ce qui leur importe, c'est de savoir d'où ça vient, comme avant, leurs légumes. Avec Boris, qu'elles embrassent et tutoient, elles sont rassurées.

Treize centres de distribution comme celui du Grand-Vire existent dans l'agglomération de Lyon. Sept sont gérés directement par Vrac, les autres par des structures autonomes partenaires. « La distribution se fait dans des centres sociaux ou bien dans des locaux prêtés par des bailleurs de logements sociaux. En fait, c'est grâce à eux qu'on peut avancer, et ce sont eux qui, au départ, nous ont financés. Que ce soit Dynacité, Alliade, Grand Lyon Habitat et surtout Est Métropole Habitat, avec qui on a démarré, leur but est comme nous de lutter contre la précarité et de créer des espaces de socialisation. Ils nous subventionnent, moins, évidemment, que des fondations comme Daniel et Nina Carasso ou la France s'engage, qui ont d'autres moyens, mais ils nous mettent en plus à disposition locaux et personnel, indispensables. » C'est ce financement important, diversifié, qui permet à Vrac de vendre à prix coûtant – et ce financement croît d'une année à l'autre, parce que Vrac a réussi ce qui semblait impossible : on peut aider les pauvres autrement, en leur laissant un autre choix que de venir emplir leurs cabas de tous les invendus des grandes surfaces. « La Banque alimentaire, Les Restos du Cœur, heureusement qu'ils sont là, mais vous avez vu ce qu'ils proposent ? C'est quand même de la merde ! » Qui peut difficilement améliorer l'image que les gens ont d'eux-mêmes. Cette semaine, c'est sardines en boîte, lundi prochain ce sera ratatouille en conserve… Boris Tavernier s'énerve. « On ne demande pas grand-chose, juste 1 euro d'adhésion, il n'y a pas de minimum d'achat requis. En échange, on demande aux gens d'anticiper leurs achats en passant commande, d'apporter leurs contenants, de se servir eux-mêmes et de ne pas râler si tous les produits ne sont pas là au moment où ils viennent. Or, ce n'est pas simple de sortir de la posture du consommateur passif, classique. » L'effort doit être partagé. Rien n'est gratuit. Don, contre-don. À groupement d'achat inédit, mode de consommation singulier. « Ce n'est pas un magasin, un centre de distribution, où on doit attendre un service. Le modèle social et économique ne fonctionne que si tout le monde participe, donne un peu de soi. » À ses 1 222 adhérents, Vrac demande désormais un peu de participation, deux petites heures par an pour faciliter la vie du groupement d'achat et renforcer les liens entre toutes et tous. Depuis janvier 2018, les habitants qui ne résident pas dans un quartier prioritaire pour la politique de la ville doivent verser une adhésion de 20, 30 ou 50 euros, au choix, et leur petite note en fin de distribution est augmentée de 10 %. Question d'équilibre.

L'effet paupiette

Un peu de voiture : nous voilà, Boris Tavernier et moi, en route pour une autre banlieue. Il me raconte que Vrac se développe à Bordeaux, à Strasbourg, à Lille, à Paris. Sa philosophie est un succès. Il est courtisé par les politiques, toujours prompts à monter dans les trains en marche. Nous arrivons sur une place, après le marché. Sous le soleil bien haut, les camionnettes vont partir, les déchets restent. Nous trouvons la fraîcheur sous les arbres nombreux de la cité des

Noirettes. Nous nous perdons, car entre toutes ces barres, sous les feuilles, on ne sait plus où est le nord. Boris demande sa route à deux femmes hilares assises sur le trottoir, et nous entrons enfin dans un appartement de rez-de-chaussée mis à disposition par le bailleur pour l'association Ancélia. Des femmes, il n'y a que des femmes. « Elles sont rassurées, car elles se sentent un peu comme chez elles, ici », m'explique Fanny Viry, la directrice, qui ne fait pas que distribuer pour Boris Tavernier. L'objet d'Ancélia est d'accompagner les initiatives, qu'elles soient personnelles, associatives ou entrepreneuriales. Concrètement, par des rendez-vous individuels et un bon carnet d'adresses, des formations à la fabrication de ses propres produits ménagers, par exemple, et par le biais d'un magazine, *Agir à Lyon et ses environs*, qui fait rentrer un peu d'argent, et donnerait quelques complexes à certains de mes confrères parisiens : on sait écrire, dans *Agir*. « On fait du lien social, on fait de la distribution de nourriture, et on fait de l'écologie, forcément : puisque les gens sont là, ils finissent par comprendre que tout a un lien, et dans quelle philosophie on travaille. Alors, à ces gens isolés, à tous les sens du terme on parle aussi d'écologie. » Du bio, du local, de l'écologie, à des banlieusards échoués loin de la ville…

Redonner de la valeur aux gens, redonner de la valeur à la bonne bouffe et en redonner à la nature, c'est un peu la même chose. Zaïneb Ben Fraj incarne ce lien fondamental. Née en Tunisie, arrivée en Isère à l'âge de 6 mois, à Saint-Hilaire-du-Touvet, entre Mont-Blanc, Belledonne et Vercors, cette infirmière élève seule sa fille ici, aux

Noirettes. « Elle commence à être imprégnée, il va falloir qu'on parte. J'aime les gens, mais ils sont presque tous rivés à leur culture : y a que notre culture qui prime, j'entends dire, et on ne regarde pas les autres, même à un bâtiment de distance. » Cet enfermement culturel la désole, où l'on a tenté de la reléguer, dans ses deux pays de cœur. « À 10 ans, mon père a décidé de faire tout à l'envers : jusqu'à mes 15 ans, j'ai donc été à l'école en Tunisie, et passé mes vacances en France ! » De l'autre côté de la mer, elle a appris à marier les épices. Dans les deux pays, elle a vu sa mère cuisiner uniquement à partir de fruits et légumes de saison et de beurre du fermier. « Justement... j'avais oublié... Et un jour, le beurre que Boris m'a fait goûter m'a rappelé tout cela. Ma campagne, et ce que mes parents, qui n'avaient rien, ont offert à leurs six enfants. »

Un jour, un accident de la vie a précipité Zaïneb dans le puits de la dépression. Arrêt maladie, psychothérapie, elle ne savait plus qui elle était, si tant est qu'elle l'ait jamais su, dans une société où l'on assigne à résidence ethnique ou religieuse, sous prétexte de respecter la culture. Zaïneb a inventé une paupiette, et tout a changé. C'est Boris Tavernier qui commence le conte : « En 2016, on a eu l'idée d'organiser un concours de cuisine, ici aux Noirettes. Faites-nous un plat qui vous ressemble, équilibré, joli, goûteux, à partir de produits de haute qualité, de belle origine, a-t-on dit aux femmes de la cité ! La philosophie de Vrac, résumée dans l'assiette. » Un jury composé de chefs, dont le célèbre Grégory Cuilleron, a goûté. Zaïneb a remporté le morceau. « Le chef, il m'a dit que ça lui avait rappelé sa grand-mère, quelle émotion ! Dans la période de doute existentiel où je me trouvais, je ne savais pas quoi faire. Alors j'ai fait un riz comme à Djerba, avec des épinards, que j'ai présenté en dôme pour rappeler un peu l'architecture tunisienne. Que faire avec ? Je me suis dit que le veau ferait plus français que le poulet de ma mère. Alors, j'ai eu l'idée d'aller demander au boucher de me faire des paupiettes avec ma propre recette de farce. Je les ai fait mariner dans mon propre mélange d'épices, que j'avais fait moudre en Tunisie, chez le marchand de la famille. » Après une bonne journée de préparation et deux heures de cuisson, elle a soudainement compris qui elle était : « Ma vie était là, dans l'assiette ! J'ai eu le déclic en reniflant. Française et Tunisienne, voilà qui j'étais ! Toutes ces saveurs, c'était mon histoire, ma conception de la vie, héritée de mes parents, influencée par ma culture française ! » Boris Tavernier, Grégory Cuilleron et Alexis Jenni, Prix Goncourt 2011, ont rendu hommage aux qualités de ce concours culinaire dans *Femmes d'ici, cuisines d'ailleurs*, paru en 2017 dans cette bonne maison qui publie le livre que vous avez entre les mains. Renvoyant à l'enfance, qui n'est jamais qu'une fourchette tenue par la mère (et plus rarement, le père), les saveurs des paupiettes de Zaïneb incarnent l'aboutissement du travail de Vrac, en cristallisant ce qu'est la nourriture : un lien de confiance entre un producteur et un consommateur, entre un produit et un territoire, tissé dans la cuisine.

Au restaurant aussi

Sa pizzeria lui ressemble. Axel Hernandez l'a fondée avec Boris Tavernier. Il en est le gérant, comme il s'occupe d'une boulangerie, d'un traiteur et de la Halle de la Martinière, ce beau volume lumineux où une crêperie, un bar à tapas, un écailler et un marchand de jus de légumes entourent des tables communes sous des verrières chèrement rénovées. Nerveux, sec, volubile, l'homme me propose le café (équitable, enfin, je crois) au Comptoir à Pâtons, sa pizzeria, dans une longue rue du quartier de la Guillotière à Lyon. Des investisseurs parisiens le draguent, ils sont encore là à causer pour que son concept se décline à Paris. Il y réfléchit.

« C'est simple : moi je travaille avec des produits et des fournisseurs que je connais, que je maîtrise, et avec qui je suis solidaire. » Simplicité et connaissance, voici ce qui pourrait être son slogan, qu'on serait bien avisé de lui reprendre. « Aimer les fournisseurs, les clients, les produits. » Dans l'assiette, c'est plutôt flatteur. La pizza est légère, fine, douce. La pâte est souple, les ingrédients sont à l'image de Vrac. La farine, bio, vient de chez Marion, l'huile d'un producteur espagnol, la sauce tomate d'une coopérative napolitaine. La mozzarella ? Il n'y en a pas, elle a été remplacée par une tomme blanche d'Auvergne. « On a aussi la seule saucisse de Morteau bio de France », me dit Axel en rigolant, ce qui donne une pizza aussi originale qu'étonnamment digeste. Je la déguste en compagnie des investisseurs, surpris de découvrir ce qu'est une vraie galette, au même prix que le morne tas de gras et de sucre vendu « deux au prix d'une » par un livreur. Axel Hernandez affirme être cohérent avec lui-même. La bonne bouffe doit être disponible pour tous. Ses propos sont aussi philosophiques que politiques : il a une vision du monde qu'il traduit dans son métier.

Sa pizza défend l'agriculture paysanne. Lui, « l'entrepreneur anarchiste », comme il se présente, il veut avant tout des gens qui savent servir le client avec le sourire. « Attention, Frédéric : ma Scop*, qui chapeaute le tout, est militante, pas mes salariés ; je ne leur impose rien ! ». Et pour attirer le client, ni logo AB, ni mention d'agriculture paysanne. Pas de discours. « Je ne fais ni pub là-dessus ni affichage, car plein de gens n'entreraient pas, ils seraient effrayés par les logos. » On vend d'abord des pizzas, avant de vendre du bio. Les clients qui veulent manger vite passent dans la rue, ils voient la devanture et les tables qui n'ont rien à voir avec les traditionnels bouges équipés de chaises en plastique-néons-télé grand écran, ils se disent que ce doit être bon, peut-être comme en Italie, ils s'étonnent du prix raisonnable, et apprennent *in fine* qu'ils ont mangé bio et paysan. Oui, on peut manger bien et bon et pas cher. Difficile de faire plus pédagogique. Sans dogmatisme, sans leçon, sans message. Les dogmatiques, Axel les fuit comme la peste. « Les véganes, par exemple, ont autant de démesure que les industriels. Ils me font l'effet de maniaco-dépressifs, sans pensée philosophique. » Il y a quand même eu une

* Société coopérative et participative.

pizza sans gluten au menu. Après tout, les « sans » restent des clients. « Mais on a arrêté, car on n'arrivait pas à obtenir une pâte correcte. » Logique, la farine sans gluten, c'est comme le chocolat sans cacao. « C'est simple : vous voulez manger des pizzas sans gluten ? Mangez des crêpes au sarrasin ! »

Conclusion

Une semaine après Terra Madre Salone del gusto, l'édition 2018 de la journée annuelle de la Fondation pour la recherche sur la biodiversité, à propos de laquelle j'avais rendu une caniculaire visite à sa directrice, Hélène Soubelet (voir chapitre 1, p. 38), se tenait dans l'amphithéâtre tout en bois de la Maison des océans, à Paris, dont le campanile domine le quartier du Luxembourg et celui de la Montagne-Sainte-Geneviève.

Manger est toujours un choix culturel, depuis Néandertal

Sous les fresques relatant les grandes heures du prince marin Albert Ier de Monaco, chercheurs de haute volée et professionnels membres du comité d'orientation scientifique de la fondation se succèdent pour causer des liens entre alimentation et biodiversité. Serge Bahuchet place le curseur sur l'aube de l'humanité. Professeur au Muséum national d'histoire naturelle de Paris, cet ethnoécologue étudie les relations entre les sociétés humaines et leur environnement. « Entre 7 et 2 millions d'années avant notre ère, nos ancêtres mangeaient des végétaux et des insectes. Ensuite, ils ont charogné. À partir de 2 millions d'années, les hominidés se sont mis à chasser, parce qu'ils avaient des outils. » Des analyses récentes d'émaux dentaires ont démontré que même nos forts viandards cousins néandertaliens mangeaient beaucoup de végétaux. Nous sommes décidément des omnivores, et ce, depuis fort longtemps. « Les plantes, nous les avons domestiquées dans onze foyers différents, pas seulement en Mésopotamie. Est-ce l'expansion démographique qui a conduit à cela, ou bien la transition vers l'agriculture qui a concerné de plus en plus de chasseurs-cueilleurs ? On ne le sait pas », reconnaît M. Bahuchet. Qui rappelle qu'il existe toujours des populations de chasseurs-cueilleurs et d'éleveurs nomades en Amérique du Nord, dans le Middle West, au centre, à l'est et au sud-ouest de l'Afrique, en Indonésie, en Malaisie, en Australie et en Sibérie. Serge Bahuchet a passé sa vie à regarder les hommes dans leur environnement. « Ce qui compte, partout, dit-il en substance, c'est l'agro-biodiversité », c'est-à-dire la diversité des produits disponibles pour se nourrir, « et la culture : manger est toujours un choix culturel. Deux sociétés vivant côte à côte ne mangent pas la même chose, l'une va trouver un mets bon, alors que l'autre le trouvera dégoûtant ».

L'agriculture, presque toujours aux dépens de la nature

Toutes vont cependant dans le même sens, celui impulsé par la culture occidentale : la viande. « Globalement, il y a un demi-siècle, chez nous, l'essentiel des calories provenait de la consommation de féculents. Aujourd'hui, 43 % viennent des produits animaux, viande comprise. En trente ans, la production de ces derniers a été multipliée par trois. On s'inquiète surtout de cela, car la majorité des débats sur l'alimentation tournent autour de la viande. » Normal, la viande prend de la place. Parce que l'élevage implique des pâtures ou des cultures de céréales ou de soja à étendre à mesure que la consommation s'accroît, aux dépens des milieux naturels (à l'échelle du monde, car la situation de la France, pays d'élevage à l'herbe, n'est pas la même). En réalité, le problème est plus global que cela : c'est l'agriculture dans son ensemble qui se répand sur la Terre, dont l'élevage. Avec un impact redoutable : « Il y a une relation forte entre la consommation relative de la biomasse [quantité] végétale et l'abondance des communautés d'oiseaux, et leur niveau trophique moyen [c'est-à-dire le rang qu'occupe une espèce dans son réseau alimentaire] », se désespère Denis Couvet, lui aussi professeur au Muséum national d'histoire naturelle de Paris, célèbre pour ses études portant sur l'impact des sociétés humaines sur la biodiversité. Plus on mange, moins on voit d'oiseaux importants pour l'équilibre des écosystèmes passer dans le ciel et d'insectes s'écraser sur le pare-brise, parce que l'agriculture industrielle réduit la mosaïque des paysages à quelques surfaces monotones, identiques d'une région à l'autre. Alors que dans un pays comme le nôtre, c'est l'élevage extensif, au pré, qui maintient la diversité des paysages. Dégarni, rond de lunettes, M. Couvet est inquiet. « Quelles sont les limites planétaires à la consommation humaine de biomasse végétale ? » Il n'a pas la réponse. Cette consommation-là a largement diminué dans les pays riches, car les bœufs et les chevaux, qui pour tirer la charrue se nourrissaient de biodiversité végétale (de foin), ont été remplacés par des machines au pétrole. Mais elle augmente dans les pays en voie de développement qui ont besoin de manger, et pratiquent l'élevage intensif, gros consommateur de céréales et de soja…

« En fait, on est passé d'une société solaire à une société minière », explique Benoît Daviron, chercheur en économie politique au Centre de coopération internationale pour la recherche agronomique et le développement. « On vivait uniquement sur la biomasse, avant, qui fournissait tout. L'agriculture servait à tout. À partir du XXe siècle, il s'est produit deux révolutions : la mise en culture de ce qu'on appelle les fronts pionniers », par exemple les grandes plaines américaines ou, en France, les collines transformées en escaliers pour des cultures en terrasses, « qui a réduit les derniers espaces sauvages à pas grand-chose, et, seconde révolution, l'arrivée de la chimie, au début du XXe siècle ». Alors, grâce, si j'ose dire, aux engrais, aux pesticides et au pétrole, on a pu augmenter la production sans augmenter les surfaces. Voilà pourquoi la consommation de biomasse par les pays riches a baissé. Aux États-Unis, elle a diminué de moitié en cinquante ans. « Du coup, vous comprenez bien que si l'on veut repasser à une société qui se passe de combustibles fossiles, une société donc… solaire, basée sur l'éolien, le soleil, la biomasse et une agriculture fondée sur les écosystèmes, il va falloir inverser à nouveau la tendance en puisant à nouveau sur la biomasse et donc, sur la biodiversité. » M. Daviron n'est pas d'une folle gaieté. « La solution, on la connaît : il faut tout diminuer, toute notre consommation, pas seulement la viande. Moins se chauffer, moins se déplacer, moins manger. Changer notre mode de vie. » Sinon, toute bio qu'elle serait, l'agriculture continuera d'accroître son emprise sur les milieux naturels, les détruisant, les uns après les autres. Vue de l'esprit ? Non ! Regardez l'Europe, l'Amérique du Nord, l'Australie : il n'y existe pratiquement plus de milieux sauvages. Mais, en Europe, cette destruction a été en partie compensée par les créations d'une agriculture qui, durant des millénaires, n'avait pu se développer que lentement, avec le temps et ce qu'elle trouvait dans le sol, le ciel, l'eau et la vie. C'est elle qui a créé la mosaïque de paysages qui fait la diversité de la France, cet ensemble d'« agro-écosystèmes » fondés sur la polyculture-élevage à petite échelle, qui se sont effondrés au cours des Trente Glorieuses, et ont entraîné avec eux la chute, par exemple, des populations d'oiseaux communs. Extensive, l'agriculture crée de la beauté, intensive elle multiplie l'ennui.

Manger sain ne sauvera pas la planète...

La seule façon véritablement efficace pour que les choses ne s'aggravent pas, dans ce domaine comme dans les autres, c'est de diminuer notre consommation. Moins manger, en augmentant la part de fruits et légumes et en conservant la viande – mais en moindres proportions, ce n'est pas bon que pour nous. Ça l'est aussi pour la planète... a priori. Nicole Darmon aime remettre les pendules à l'heure. Longue blouse rouge sur pantalon à motifs bleus, son écharpe jaune donne à cette directrice de recherche de l'Inra de Montpellier l'allure d'un oiseau chantant depuis son nid. Son équipe a agrégé des données éparses concernant des produits alimentaires génériques : composition en nutriments, présence de contaminants, prix, habitudes de consommation des mangeurs, impacts environnementaux (réduits au CO_2, à l'acidification des océans et à la pollution par les nitrates des eaux douces). « On voulait savoir s'il existait des aliments plus durables que d'autres. »

« D'abord, en gros, plus les aliments sont denses en nutriments, donc, de meilleure qualité, plus ils sont chers. » C'est ainsi : dans le système actuel, l'industrialisation a fait baisser le coût de l'alimentation en généralisant ses produits transformés, qui sont peu riches en nutriments, mais gavés de sucres, de gras et de sel, c'est-à-dire de calories. En comparaison, les produits denses en nutriments, souvent pauvres en calories, comme les produits frais, la viande, le poisson, le lait, les huiles etc., de grande qualité, sont plus chers au kilo. « On s'est ensuite rendu compte que les aliments les moins émetteurs de carbone sont les fruits et légumes, les féculents et, dans une moindre mesure, les produits laitiers et les matières grasses. » Le score climat des produits animaux est catastrophique, on s'en doutait. Pourquoi ? Parce que les animaux émettent du carbone tant qu'ils sont vivants, et que leur alimentation repose, dans les élevages industriels, essentiellement sur des céréales, des plantes à huile et du soja dont la culture conduit elle aussi à l'émission de carbone. « Or, en mettant tout cela en parallèle avec le prix dépensé à la calorie ingérée, on voit que ces meilleurs aliments, ceux qui sont denses en nutriments, donc les plus utiles à notre organisme (et à notre palais) ne sont pas si durables – socialement – que cela ! » En effet, il faut dépenser plus pour absorber une masse de calories équivalente à celle fournie par les aliments les moins durables, les plus transformés.

L'impact de la viande est mauvais, celui des fruits et légumes n'est pas si bon que cela. Pour les légumineuses, cela va à peu près. « Autrement dit, il ne faut pas raisonner au niveau de l'aliment, sinon, on arrive à recommander uniquement les aliments les moins bons pour la santé, sous prétexte qu'ils sont les moins impactants pour le climat et, cela tombe bien, ce sont les moins chers. » Mais qui voudrait adopter cette logique ? Pas vous, lecteur de ce livre, mais il est bon de le dire, histoire de bien faire comprendre que l'idéal n'existe pas. Mangez sain pour soi, à la fois pour le corps et le porte-monnaie, n'est pas forcément sain pour la planète. Les meilleurs scores environnement/calories/prix sont obtenus par des produits tels que les chips, le chocolat, le riz, les sodas, le sel et les gaufres industrielles ! Ce n'est pas de l'animal, c'est vrai, c'est à base de végétal, c'est indéniable, cela émet peu de CO_2 parce que leur production, standardisée et massifiée, consomme très peu d'énergie au kilo fabriqué et au kilomètre transporté, mais ce n'est quand même pas extraordinaire. Il y a bien d'autres végétaux, frais ceux-là, mais ils sont beaucoup plus chers à la calorie ingérée, « et leur impact environnemental n'est pas non plus neutre, en particulier sur les sols ». C'est le côté amusant de la chose : si l'on veut absorber autant de calories en mangeant des fruits, des légumes et des haricots secs qu'en avalant de la malbouffe, il faut en manger beaucoup plus (en gros, 1,6 kilo d'aliments selon le régime méditerranéen pour avoir autant de calories dans l'estomac qu'avec 600 grammes de frites et de nuggets). Si tout le monde se détourne de la malbouffe, il faudra plus de terres, à qui l'on va demander de rendre encore plus. Pas sûr que ce soit en respectant les canons de l'agroécologie.

... à moins de manger moins

« On voit dans nos études que les femmes ont un impact carbone plus faible parce qu'elles mangent moins. » Mme Darmon poursuit : « On a aussi identifié ce qu'on appelle des déviants positifs dans nos cohortes. Des mangeurs dont les émissions de carbone sont inférieures de 20 % à la moyenne. Eh bien, on s'est aperçu que ce résultat est dû pour moitié au fait que ces gens mangent moins, et pour l'autre moitié en raison du fait qu'ils mangent différemment. » Moins de produits issus d'animaux (400 grammes en moyenne par jour, dont la moitié de laitages), moins de produits sucrés, moins de produits transformés, plus de fruits, de légumes et de légumineuses (1 kilo). « En accentuant un peu tout cela, on modélise une baisse de 30 à 40 % des émissions de CO_2 de notre alimentation. » Facile. On peut même aller jusqu'à 60 % – hourra ! – au prix, il est vrai, d'une forte hausse de la consommation de féculents et d'une quasi-disparition de la viande. Je ne sais pas pour vous, mais moi ça ne me donne pas envie. « Nos études montrent qu'une alimentation de bonne qualité nutritionnelle n'a pas forcément un faible impact carbone et qu'il est primordial de considérer la qualité nutritionnelle et l'acceptabilité sociale et culturelle lors de l'élaboration de recommandations pour une alimentation plus durable. Nos résultats confirment qu'il est possible de réduire l'impact carbone de notre alimentation tout en améliorant la qualité nutritionnelle par des choix alimentaires avisés (consommation totale modérée, alimentation plus riche en produits d'origine végétale et consommation de viande et de boissons alcoolisées mesurée). Ils montrent cependant qu'il n'est pas nécessaire d'éliminer des catégories entières d'aliments pour avoir une alimentation plus durable. Le conseil d'avoir une alimentation variée reste donc toujours aussi valable dans ce contexte. »

Gaspiller moins et manger moins pour impacter moins. Alimentation omnivore, diversifiée, en quantité modérée.

Serge Bahuchet hoche la tête, car, *in fine*, cela revient à retrouver le régime alimentaire de nos ancêtres. Ou la règle des 3V établie par Anthony Fardet : varié, végétal, vrai. À savoir 15 % de produits animaux, 15 % de produits transformés, le reste : fruits, légumes, légumineuses. En privilégiant, autant que faire se peut, le bio de saison.

Faire bouger tout le système en même temps

C'est valable aussi de l'autre côté de la chaîne, m'explique au buffet de la fondation Louis-Georges Soler. Économiste, ce directeur de recherches de l'Inra étudie nos comportements alimentaires. « Vous savez, le modèle agroalimentaire actuel est solide parce qu'il est super-cohérent. Standardisées, homogènes, l'agriculture, l'industrie, notre façon de consommer sont les miroirs l'une de l'autre. » Voilà qui explique pourquoi le système est si difficile à bouleverser ! « D'autant qu'il nous a fait baisser les prix, ce dont nous profitons tous. Et la baisse des prix a fait baisser la valeur que l'on donne à l'alimentation. » L'alimentation ne vaut plus grand-chose, dans tous les sens du terme, si ce n'est le poids de la peur qu'elle occasionne. Il faut le dire et le redire : il est moins cher de se nourrir qu'avant, ce qui a permis la multiplication des postes de dépense, et d'absorber en partie la hausse délirante du budget logement.

Comment changer cela ? « Il n'y aura pas de monde nouveau où on se remettra tous à faire à manger nous-mêmes, à partir de produits frais. On n'a plus le temps, on n'a plus envie et on ne réduira pas nos vacances ni nos achats de téléphones pour cela », prévient Louis-Georges Soler. Bref, il faudra faire avec l'industrie. Celle-ci est prise entre l'agriculture et le consommateur. Alors, pourquoi ne pas jouer sur les deux tableaux ? « Plus diversifiée, avec plus de variété, l'agriculture introduirait de l'hétérogénéité dans le système, de l'instabilité pour l'industrie. Encore faut-il qu'en aval, le modèle de consommation soit cohérent avec ce nouveau modèle de production. » Il faut corriger le système en l'agitant par les deux extrémités... de façon cohérente, coordonnée. Tout modifier, dans le même mouvement. L'agriculture, la formation des prix, la distribution, les procédés industriels, etc. Ne pas le faire ensemble, c'est s'exposer à la survenue de surcoûts que personne ne voudra prendre en charge. « C'est en jouant simultanément sur les modes de production en amont et les régimes alimentaires en aval que l'on peut amoindrir la contradiction entre la nécessité de rémunérer les efforts des producteurs et celle de stabiliser les dépenses des ménages. Les bénéfices environnementaux et de santé résulteraient simultanément de la mise en œuvre de processus de production plus exigeants et de l'adaptation des régimes alimentaires par les consommateurs. » M. Soler insiste : il y a deux leviers majeurs pour faire bouger industrie et distribution, l'agriculture et l'alimentation. Relier la fourche à la fourchette, développer l'agroécologie et la culture de l'alimentation ? Les deux vont de pair. Alors agissons.

Quel régime nous faut-il, demain ? Plus riche en bons produits d'origine végétale, moins en animal... je vous l'ai assez dit. Même fondé sur des produits conventionnels, il devrait être associé, m'explique le lumineux M. Soler, à une augmentation de la qualité nutritionnelle, en parallèle à une réduction des émissions de gaz à effet de serre, du taux d'occupation des sols et de l'énergie consommée et… malheureusement, un accroissement de l'exposition à des contaminants, car fruits et légumes sont encore largement pulvérisés. Et le bio, alors ? « Une part plus importante de produits bios sans modification du régime alimentaire induit une baisse de l'exposition aux pesticides, c'est certain, mais c'est sans effet sur les émissions de gaz à effet de serre, ça réduit un peu l'énergie consommée, mais cela accroît le taux d'occupation des sols », montrent des modèles. Bref, ou bien on change son régime alimentaire et on mange tout bio, auquel cas la massification du modèle agricole contient l'inévitable extension des surfaces, ou on mange conventionnel. Pas de demi-mesure. Un peu basique comme raisonnement. Et les pratiques intermédiaires, alors ? L'agroécologie, la conservation des sols, l'agroforesterie, tout cela ?… « Aujourd'hui, elles ne trouvent pas leur place. Il faudrait que le conventionnel monte en gamme, pour aller au moins vers le HVE 3 (voir p. 87). L'idée est que la marche de l'amélioration ne soit pas trop haute. » Celle du bio l'est peut-être trop encore pour modifier tout le système rapidement. Alors soutenons-le d'une main ferme en mangeant différemment. Cela aidera l'agriculture à se transformer en agroécologie, laquelle essaimera les bonnes graines de la philosophie de la bio, qui deviendront le conventionnel de demain.

Reste un grand oublié dans le raisonnement de M. Soler : la grande distribution. On ne changera pas le système de façon cohérente et coordonnée sans les hypermarchés, les zones commerciales, les « *retail parks** » qui continuent de se développer. Sans les quatre centrales d'achat qui font la pluie et le beau temps. C'est la grande distribution qui, on l'a vu, tient tout le système alimentaire, en France. Tant qu'on ne lui cassera pas les reins, elle continuera de régner. Cela passe notamment par une taxation massive de la vente des terres agricoles pour un autre usage que l'agriculture. L'agriculture de qualité. Une révolution politique, pour une révolution alimentaire. Chiche !

---

* Centres commerciaux à ciel ouvert dotés d'un parking commun à l'ensemble des points de vente. Leurs défenseurs les présentent comme de « petites villes commerciales devant s'intégrer au mieux dans l'environnement. Le soin apporté à l'architecture, aux espaces verts ainsi qu'aux voies de circulation, de même que la variété des commerces présents, doivent contribuer au réenchantement de l'acte d'achat »...

Quelques ouvrages de référence

Apfeldorfer G. et Zermati J.-P., *Dictature des régimes, attention !*, Odile Jacob, 2008.

Brunel S., *Plaidoyer pour nos agriculteurs*, Buchet-Chastel, 2017.

Brusset C., *Vous êtes fous d'avaler ça !*, Flammarion, 2015 ; *Et maintenant, on mange quoi ?*, Flammarion, 2018.

Chansigaud V., *Les Français et la Nature*, Actes Sud, 2017.

Chevallier L., *L'Indulgence dans l'assiette*, Fayard, 2018.

Collectif, *Le Grand Guide Slow Food des produits du terroir français*, Plume de carotte, 2018.

Fardet A., *Halte aux aliments ultra-transformés*, Thierry Souccar, 2017.

François P., *Un paysan contre Monsanto*, Fayard, 2017.

Fumey G., *Géopolitique de l'alimentation*, Éditions Sciences humaines, 2018.

Gintrand F., *Le jour où les zones commerciales auront dévoré nos villes*, Thierry Souccar, 2018.

Giroux V. et Larue R., *Le Véganisme*, PUF, « Que sais-je ? », 2017.

Gruffat C., *Les Dessous de l'alimentation bio*, La Mer Salée, 2017.

Guégen N., *Psychologie du consommateur*, Dunod, 2016.

Lecerf J.-M., *La viande, un peu, beaucoup, passionnément ou pas du tout ?*, Buchet-Chastel, 2016.

Le Monnier L. et C., *Le jour où on a vendu nos vaches*, Flammarion, 2017.

Acheter bio ?

Malet J.-B., *L'Empire de l'or rouge*, Fayard, 2017.

Maximin J., *Jacques Maximin cuisine les légumes, 60 légumes, 420 recettes*, Albin Michel, 2018.

Nicolino F., *Lettre à un paysan sur le vaste merdier qu'est devenue l'agriculture*, Les Échappés, 2015.

Philipon P., avec Chiffoleau Y. et Wallet F., *Et si on mangeait local ?*, Quae, 2017.

Richez-Lerouge V., *Main basse sur les fromages*, Érick Bonnier, 2017 ; *Le Manifeste du bien-manger*, Érick Bonnier, 2018.

Silverstown J., *Dîner avec Darwin*, Quanto, 2018.

Table

Du même auteur

Le Bio, au risque de se perdre, Buchet-Chastel, 2018.
Le Sol. Enquête sur un bien en péril, Flammarion, « Champs. Actuel », 2018.
L'assiette est dans le pré, Delachaux & Niestlé, 2017.
S'engager pour un monde meilleur, 10 propositions à votre portée, avec Jean Jouzel, Flammarion, 2016.
Cessons de ruiner notre sol !, Flammarion, 2014.
OGM, le vrai du faux, Delachaux & Niestlé, 2013.

Composition : IGS-CP
Impression : CPI Bussière en janvier 2019
Éditions Albin Michel
22, rue Huyghens, 75014 Paris
www.albin-michel.fr
ISBN : 978-2-226-43787-7
N° d'édition : 23192/01 – N° d'impression : 2039196
Dépôt légal : février 2019
Imprimé en France